EDITORA Labrador

diário do Movimento

A prática de exercícios como experiência de autoconhecimento

BEATRIZ LHULLIER

Copyright © 2022 de Beatriz Sequeira Lhullier
Todos os direitos desta edição reservados à Editora Labrador.

Coordenação editorial
Pamela Oliveira

Preparação de texto
Maurício Katayama

Assistência editorial
Larissa Robbi Ribeiro

Revisão
Marília Courbassier Paris

Projeto gráfico, diagramação e capa
Amanda Chagas

Imagens de miolo
Mario Isaac Olmedo Marcenaro

Dados Internacionais de Catalogação na Publicação (CIP)
Jéssica de Oliveira Molinari - CRB-8/9852

Lhullier, Beatriz
 Diário do movimento : a prática de exercícios como experiência de autoconhecimento / Beatriz Lhullier. — São Paulo : Labrador, 2022.
 192 p. : il., color.

Bibliografia
ISBN 978-65-5625-218-6

1. Exercícios físicos – Diário 2. Saúde 3. Bem-estar I. Título

22-1009   CDD B869.8

Índice para catálogo sistemático:
1. Exercícios físicos

AVISO: Este livro não se propõe a substituir orientações médicas. A editora e a autora não assumem responsabilidade por quaisquer consequências decorrentes dos conselhos apresentados, e recomendam que o leitor procure orientação médica antes de iniciar e seguir um novo programa de exercícios.

Editora Labrador
Diretor editorial: Daniel Pinsky
Rua Dr. José Elias, 520 — Alto da Lapa
São Paulo/SP — 05083-030
Telefone: +55 (11) 3641-7446
contato@editoralabrador.com.br
www.editoralabrador.com.br
facebook.com/editoralabrador
instagram.com/editoralabrador

A reprodução de qualquer parte desta obra é ilegal e configura uma apropriação indevida dos direitos intelectuais e patrimoniais do autor. A editora não é responsável pelo conteúdo deste livro. A autora conhece os fatos narrados, pelos quais é responsável, assim como se responsabiliza pelos juízos emitidos.

Para minha filha, Clara,
que acompanhou toda a trajetória
de produção deste conteúdo.

SUMÁRIO

7 Introdução
9 Antes de iniciar

21 BLOCO 1

22 Meu Programa – Bloco 1
24 Semana 1: Posição em decúbito dorsal, controle do quadril e alongamentos básicos
35 Semana 2: Trabalho com o abdome e região lateral da coxa
44 Semana 3: Posição em decúbito lateral, mobilização das escápulas e trabalho com glúteos
56 Semana 4: Revisão: alongamentos/mobilizações e trabalho muscular; semanas 1, 2 e 3
59 Avaliando o Bloco 1

61 BLOCO 2

62 Meu programa – Bloco 2
64 Semana 5: A posição sentada com as pernas para a frente e o trabalho com o abdome
73 Semana 6: Orientações e exercícios para a posição sentada na cadeira, trabalho com o abdome e a região lateral da coxa
87 Semana 7: Orientações e exercícios para a pelve feminina, a posição da tartaruga e exercícios em posição sentada na cadeira
103 Semana 8: Revisão das semanas 5, 6 e 7
110 Avaliando o Bloco 2

113	**BLOCO 3**
114	Meu programa — Bloco 3
116	Semana 9: Alongamento de toda a coluna pela cabeça e exercícios para a pelve feminina
125	Semana 10: Orientações e exercícios para a posição em pé, alongamento de toda a coluna, exercícios em decúbito lateral e para a pelve feminina
142	Semana 11: Exercícios em decúbito lateral, exercícios para a pelve feminina e exercícios em pé
155	Semana 12: Revisão das semanas 9, 10 e 11
161	Avaliando o bloco 3
165	**MOMENTO DE RELAXAMENTO**
175	**ORIENTAÇÕES POSTURAIS PARA SUA ROTINA DIÁRIA**
176	Posição para dormir
177	Sentado trabalhando no computador
178	Sentado assistindo à televisão
179	Cuidados com o pescoço ao usar um aparelho eletrônico
180	Transporte de sacolas e bolsas
181	Orientações para os calçados
184	Considerações finais
188	Referências
191	Agradecimentos

INTRODUÇÃO

Por que um diário?
Esta obra surgiu do conceito de que podemos fazer transformações, pequenas ou grandes, por meio de cuidado, observação e da consciência sobre nossos movimentos corporais.

Na condição de seres humanos, nossa existência depende da interação entre movimentos, pensamentos, sensações e emoções, que se misturam e conversam permanentemente, em um diálogo interno contínuo.

Trabalhando as correlações consigo mesmo e seu ambiente, o diário funciona como um facilitador. Desenvolver o hábito de estar atento às sensações corporais e observar como você responde e reage diante da rotina diária é uma declaração de que se importa com o que acontece em seu mundo interno. O diário é o registro de uma história, uma conversa íntima que, nesse caso, acontece entre suas percepções corporais e as demais instâncias de seu ser.

Apresento aqui um programa de exercícios básicos e convido você a praticá-los e desfrutar de seus benefícios para a saúde integral.

> Alguns já disseram que o corpo não mente. Mais que isso, ele conta muitas estórias e em cada uma delas há um sentido a descobrir. Como o significado dos acontecimentos, das doenças ou do prazer que anima algumas de suas partes. O corpo é nossa memória mais arcaica. Nele, nada é esquecido. Cada acontecimento vivido, particularmente na primeira infância e também na vida adulta, deixa no corpo sua marca profunda. (LELOUP, 2014, p. 15)

Gostaria de enfatizar que este conteúdo não é uma proposta de tratamento; o objetivo principal é proporcionar saúde e bem-estar por um movimento consciente.

O diário não tem como objetivo substituir a orientação médica. Para pessoas com patologias específicas, sejam ortopédicas ou não, é importante consultar o profissional que as acompanha antes de iniciar os exercícios.

A linguagem utilizada nas considerações anatômicas e na descrição dos exercícios é simplificada, para ser acessível, mas procurei sempre deixá-la o mais próximo possível da nomenclatura técnica.

Os exercícios propostos são de baixo impacto, bastante seguros para a maioria das pessoas, nas diversas faixas etárias:

- Indivíduos sedentários.
- Aqueles que não conseguem se identificar com outras atividades físicas.
- Pessoas com disponibilidade de no máximo 30 minutos por dia para a prática de exercícios.
- Profissionais que precisam viajar constantemente.
- Pessoas que, apesar de sentirem dor, são orientadas por seus médicos a praticar atividade física.
- Todos aqueles que querem trabalhar seu corpo para autoconhecimento.

Este material poderá ser utilizado por fisioterapeutas, médicos, educadores físicos e profissionais da área de saúde em geral como uma ferramenta que permite apresentar os exercícios e informações relacionadas de forma simples e pedagógica.

Os exercícios são apenas uma sugestão. Eles estão selecionados e ordenados por semanas e fornecem informações básicas. O profissional fará as adaptações necessárias a seu paciente.

O diário apresenta, a cada semana, uma sequência equilibrada de exercícios. É muito importante que você leia atentamente as observações iniciais e a descrição dos exercícios para então realizá-los. Dedique mais tempo às instruções fornecidas a cada mudança de bloco.

Mantenha-se motivado, escrevendo suas observações e conquistas e, se em algum momento desacelerar, respeite, aceite e retorne quando quiser.

Bom trabalho!

> "Ao motivar o corpo a se mexer, você estará encorajando a mente a abraçar a vida."
> (HAGERMAN; RATEY, 2012, p. 142)

ANTES DE INICIAR

Este diário compreende um total de 12 semanas que estão agrupadas em 3 blocos, marcando pequenas variações de um bloco para outro.

A quarta semana de cada bloco será uma seleção de revisão, dividida em mobilização/alongamento e trabalho muscular.

As sequências são simples e básicas. Conforme se compreende a evolução dos exercícios, fica cada vez mais fácil realizá-los.

Com isso, as exigências sobre seu corpo aumentarão gradativamente. Você poderá definir o ritmo de progresso, adequando-o a suas possibilidades.

O importante é a realização dos movimentos com tranquilidade e concentração.

A princípio, não faça os exercícios se estiver com dor ou sentir dor durante e/ou após realizá-los: *a dor é um sinal de alerta*. Respeite a crise e espere passar. Procure recolher o máximo de informações deste momento; isso poderá ajudá-lo a evitar crises futuras.

A frequência não é rígida. Minha sugestão é praticar no mínimo 3 vezes por semana, para sentir os benefícios do movimento.

A execução da série sugerida terá duração de 20 a 30 minutos.

Esses exercícios não substituem a necessidade de exercícios aeróbicos. Quanto mais você trabalha seu coração e seus pulmões, mais eficientes eles serão no fornecimento de oxigênio para o seu corpo e sua mente. Procure conciliar os dois — exercícios aeróbicos e de baixo impacto — em dias alternados ou juntos 3 vezes por semana.

Aceite a sua disponibilidade de tempo e procure caminhar, nadar, dançar — o que gostar/puder para complementar sua atividade.

Legenda para os exercícios

X: número de repetições do exercício.

S: número de sequências (exemplo: 3S = repetir 3 sequências completas).

T: tempo de manutenção da posição (exemplo: 10T = mantenha a posição de trabalho por 10 segundos).

C: centro.

L: lado.

E: lado esquerdo.

D: lado direito.

10X + 10T: repetir 10 vezes e na última repetição manter o trabalho por 10T.

DD: decúbito dorsal (deitado/a de costas).

DL: decúbito lateral (deitado/a de lado).

Observando a coluna vertebral

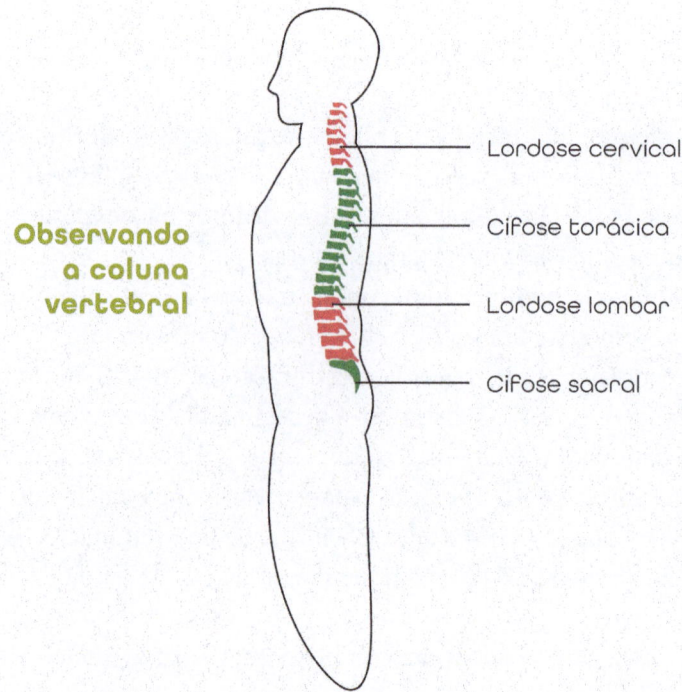

- Lordose cervical
- Cifose torácica
- Lordose lombar
- Cifose sacral

Nesta imagem, podemos observar a presença de curvaturas na coluna vertebral. Elas garantem maior resistência aos impactos e promovem flexibilidade, permitindo a realização de diversos movimentos. As curvaturas fisiológicas da coluna vertebral são:

- Cifoses torácica e sacral (convexas).
- Lordoses cervical e lombar (côncavas).

Alterações dessas curvaturas são muito comuns, causadas por sedentarismo, maus hábitos posturais, doenças neurológicas e osteomusculares. Contribuem também o perfil genético e psicológico de cada indivíduo.

Com frequência, as pessoas apresentam uma ou mais curvaturas aumentadas, ou seja, as vértebras curvam-se além do grau considerado fisiológico. Essas hipercurvaturas causam compressão dos discos intervertebrais e das estruturas nervosas, achatamento das vértebras, lesões osteomusculares etc.

As curvaturas alteram-se também em consequência do processo de envelhecimento. Observe na figura a seguir alguns exemplos:

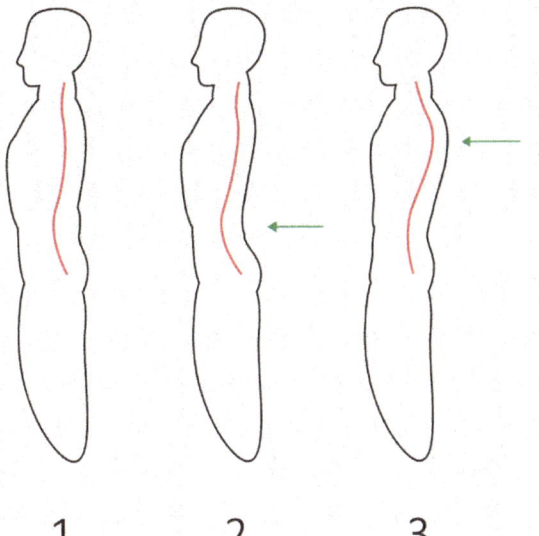

1. Curvaturas normais da coluna vertebral.

2. Curvatura lombar acentuada: hiperlordose lombar.

3. Curvatura torácica acentuada: hipercifose torácica.

Outras pessoas apresentam a ausência de uma ou mais curvaturas, o que chamamos de retificação; isso significa que esses segmentos planos apresentam maior instabilidade e/ou rigidez e, portanto, menor resistência aos traumas.

Existem também pessoas que apresentam hiperelasticidade nas articulações, levando à hipermobilidade da coluna vertebral. Em ambos os casos, o alongamento deve ser feito sem levar o movimento ao extremo, e é importante priorizar os exercícios de trabalho muscular para promover maior proteção às articulações.

Pratique, agora, o reconhecimento da conformação de sua coluna vertebral.

Deite-se de costas (DD) com os joelhos estendidos, em uma superfície firme. Relaxe seu corpo no chão. Observe em seu corpo a distância da cintura e do pescoço ao chão. Essa distância existe por causa da presença da curvatura em lordose (côncava) dessas regiões.

Agora, observe como o tórax e o quadril pressionam o chão; isso ocorre pelas curvaturas cifóticas (convexas).

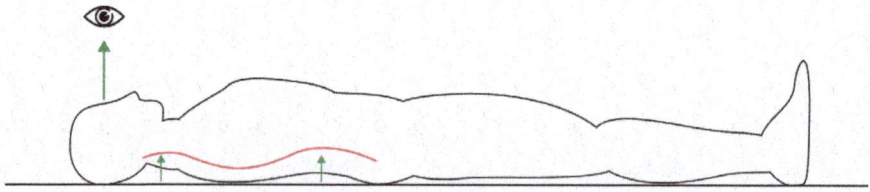

Auto-observação

Seria interessante fazer um registro inicial em seu diário, uma auto-análise, escrevendo ou desenhando como você percebeu sua coluna vertebral. É possível que a percepção de suas curvaturas seja diferente da referência-padrão.

Você pode simplesmente registrar suas percepções nesse momento em que está deitado ou analisar mais detalhadamente com um espelho.

Com o auxílio do espelho, observe-se em pé, lateralmente. Você visualizará melhor sua coluna ao elevar os braços um pouco à frente do corpo.

- Observe as curvaturas; se estão aumentadas ou normais, ou podem estar ausentes, apresentando regiões planas.
- Amplie sua observação para a posição da cabeça, do abdome, dos ombros, dos joelhos, das pernas e dos pés.
- Se quiser, faça uma foto de frente e de perfil para guardar como registro.
- Como alternativa, apenas escreva como enxerga e/ou percebe sua coluna vertebral.

Este é somente um momento de autoconhecimento, sem críticas ou observações negativas.

> Não existe corpo perfeito, existe como estamos hoje e como nos cuidaremos daqui para a frente. Como estamos significa o que percebemos, sentimos e pensamos sobre nós mesmos.

Tenha em mente que, de acordo com a faixa etária, nossa fisiologia se modifica e as estruturas corporais vão se transformando.

Todas as nossas estruturas e funções corporais, com o passar dos anos, apresentam transformações. A coluna vertebral, em específico, apresentará achatamento de todos os seus componentes, com a desidratação dos tecidos. E, por consequência, alterações das curvaturas e, principalmente, perda de flexibilidade. O grau dessas alterações dependerá de múltiplos fatores, porém, sem dúvida, os hábitos posturais saudáveis e a prática de atividade física estão entre os mais determinantes para um bom envelhecimento.

> A perda de flexibilidade é uma importante causa da dor, em qualquer idade.

Apresento a seguir um desenho de referência da nossa postura em vista lateral. Sobre ele, ou no espaço ao lado, escreva como observa seu corpo.

Todos os comentários, observações e sensações escritas neste diário serão livres de julgamento e críticas; considere-os apenas como um ponto de partida.

Com uma rotina de exercícios e movimentação saudável, é possível alcançar o bem-estar, sempre considerando as características individuais e o seu momento de vida.

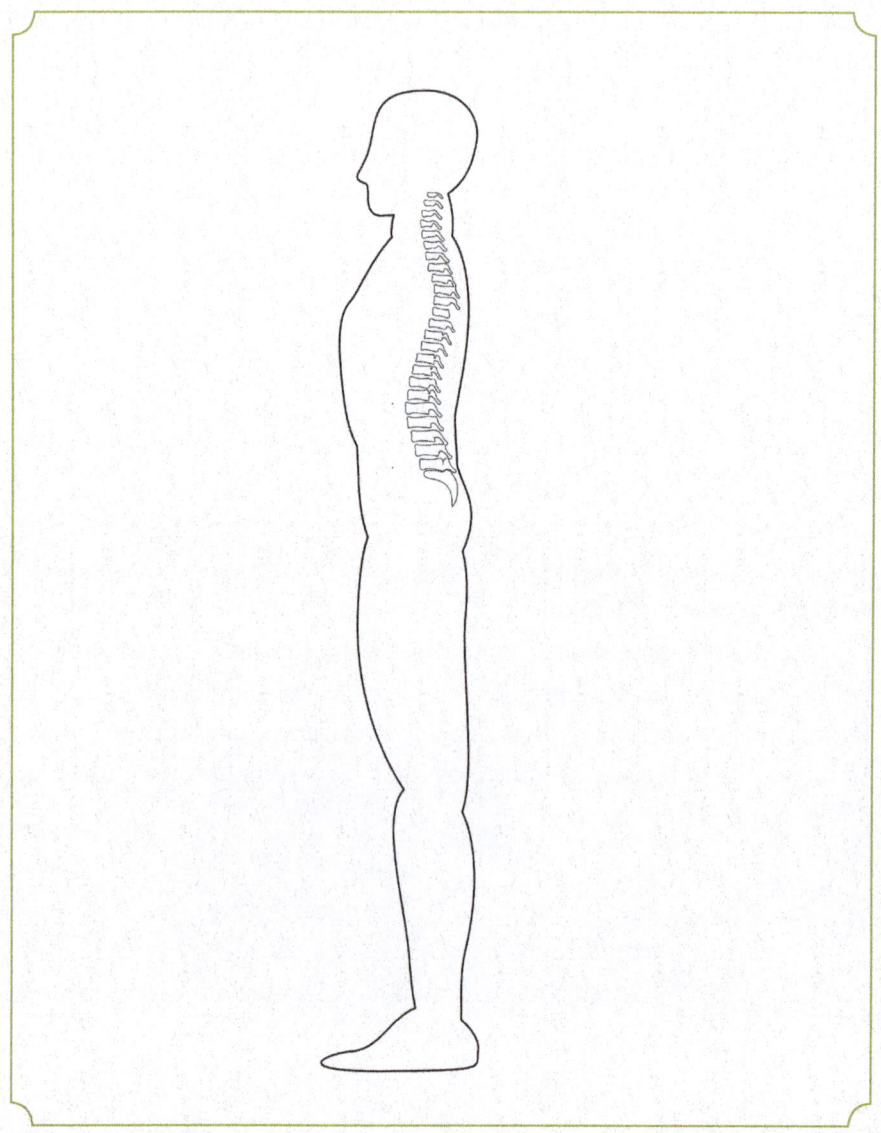

Os exercícios sugeridos não têm o propósito de "corrigir" sua postura ou seu corpo, e sim proporcionar uma experiência na qual você possa vivenciar o movimento aliado às sensações e percepções corporais. As verdadeiras mudanças corporais ocorrem no nível das interações de cada pessoa consigo mesma e com seu ambiente, incluindo mudanças de hábitos de vida e uma adequada aprendizagem do movimento.

Observando suas dores

Se você sente dores, considere também nesta fase inicial registrar a região, o momento, a frequência e, se possível, o tipo de dor (formigamento, queimação, dor latejante etc.).

Observe também os pontos ou as regiões tensionadas que sente em seu corpo. Aproveite o momento para registrá-los.

Você pode usar este diário como um observatório de suas dores, mas lembre-se de que é necessário trabalhar em diversas frentes para compreender as manifestações de seu corpo.

Utilize o desenho a seguir para marcar as regiões de dor e/ou tensões. Crie uma escala de 1 a 5, na qual 5 é a intensidade máxima de dor e 1 a intensidade mínima, para quantificar sua experiência dolorosa.

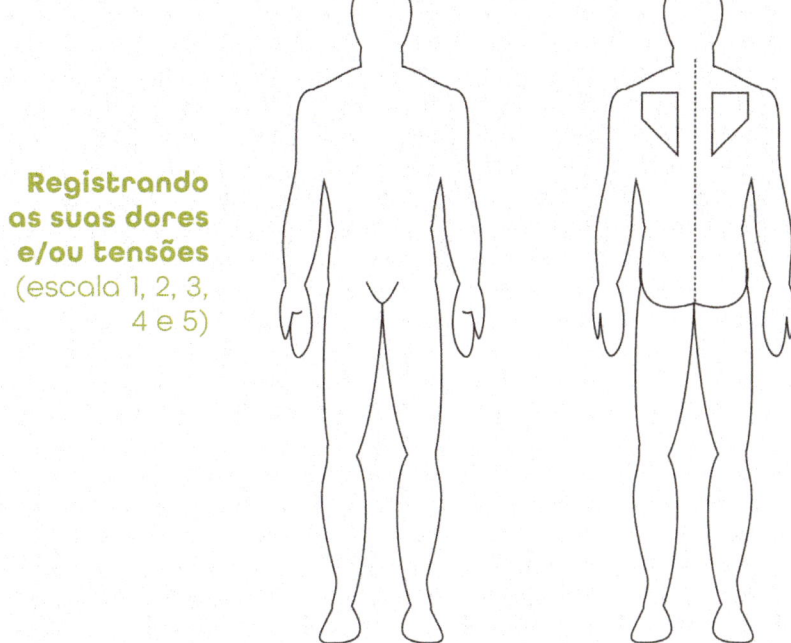

Registrando as suas dores e/ou tensões
(escala 1, 2, 3, 4 e 5)

Relatório de observação das dores (não se esqueça de mencionar a frequência de crises e o uso de medicamentos):

_____
_____
_____
_____
_____
_____

No decorrer do diário, ao lado dos exercícios, haverá um espaço em que poderá registrar:

▸ Como está sua dor naquele momento ou se o exercício tem alguma repercussão (de agravamento ou alívio).
▸ Poderá quantificar a cada semana com a escala de 1 a 5.

Por meio desse registro você conseguirá monitorar as respostas de seu corpo aos movimentos. Assim, aos poucos, a auto-observação o conduzirá a um maior controle de suas dores.

Outras patologias ou sintomas

Faça seu registro de doenças crônicas e sintomas associados, como: tontura, insônia, náuseas, má digestão, alterações intestinais etc.

_____
_____
_____
_____
_____
_____

Traçando os objetivos

Marque em seu diário os objetivos que gostaria de alcançar ao final de 3 meses. Ao término de cada bloco, você pode avaliar e indicar metas intermediárias.

É muito importante a escolha de objetivos possíveis de serem alcançados, considerando o tempo e as dificuldades para atingi-los.

Se desejar, inclua objetivos na sua vida como um todo, por exemplo, mudanças de hábitos, estudos, relacionamentos. As transformações em uma área sempre terão reflexos sobre as outras, não importa o tamanho da mudança.

Muitas vezes, é necessário buscar ajuda para atingir seus objetivos. Não hesite em fazê-lo! Existem muitos profissionais da área da saúde capazes de oferecer a orientação de que necessita.

Meus objetivos ao final de 3 meses:
_____
_____
_____
_____
_____
_____
_____
_____

Espaço livre para acrescentar informações e impressões adicionais sobre o seu corpo e este momento:
_____
_____
_____
_____
_____
_____
_____
_____
_____

Principais objetivos dos exercícios sugeridos

 Exercícios de alongamento e mobilização: trabalham a flexibilidade e a mobilidade dos tecidos e articulações envolvidas, estimulando a eficiência do metabolismo nessas regiões.

 **Exercícios de trabalho muscular:** os grupos musculares serão trabalhados para realização de movimentos harmoniosos e aprimoramento da atividade postural.

 Relaxamento, consciência corporal e automassagem: promovem bem-estar e um movimento equilibrado, coordenado e econômico.

 Grupo especial

Se você não faz exercícios há muito tempo, sente dor ou cansaço quando pratica atividade física, ou tem mais de 70 anos, faça os exercícios considerados seguros para você. Sentindo-se bem, aumente o número de vezes, mas não se arrisque a fazer os demais prematuramente e provocar uma lesão.

Lembre-se de que existe uma meta proposta por você, mas desfrutar o caminho é o mais importante.
Faça os exercícios atenta e lentamente.
Aproveite o seu momento!

Posicionamento inicial

DD (decúbito dorsal) ou deitado de costas: o apoio sob a cabeça é opcional; inicie com a altura de apoio que sente conforto e procure diminuir gradativamente. Sentindo-se relaxado, retire o apoio completamente.

Trabalhe sobre uma superfície firme, porém não muito rígida. Se preferir exercitar-se no chão, será necessário um colchonete ou uma manta grossa. Você pode exercitar-se também em sua cama, desde que sobre um colchão de boa densidade.

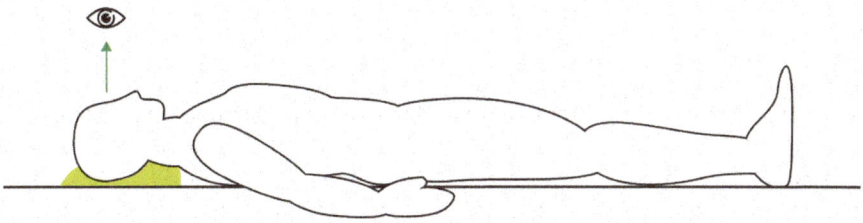

Decúbito dorsal, joelhos estendidos, coluna vertebral alinhada.

A posição da cabeça é determinada pelo olhar, que deverá estar dirigido para o teto. Não coloque pressão do queixo sobre a garganta. Um rolinho apoiando a região cervical (pescoço) ou um travesseiro é opcional.

Posição para relaxar

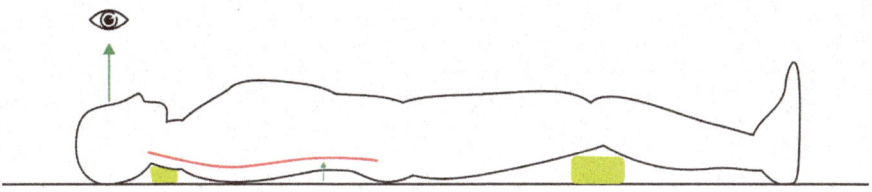

DD, com um pequeno apoio sob os joelhos, você vai sentir o relaxamento na região lombar.

Antes de iniciar os exercícios, deite-se e observe:
- O alinhamento de seu corpo.
- A centralidade da cabeça.
- Registre todas as suas sensações corporais e/ou mentais nesse momento.

Ao finalizar os exercícios:

- Deite-se em posição de relaxamento.
- Faça respirações lentas e prolongadas.
- Registre suas sensações finais.
- Evite retornar às suas atividades apressadamente.

Material necessário para realizar os exercícios:

- Um colchonete ou uma manta para fazer os exercícios no chão.
- Um travesseiro para o apoio da cabeça, ou um rolinho para ser colocado sob o pescoço. Use esses apoios se necessário.
- Uma almofada, travesseiro ou bolinha de borracha média.
- Uma faixa elástica de média intensidade para a prática de exercícios.

Ao final deste diário encontram-se **informações adicionais**:

- Sugestões de atividades de relaxamento.
- Orientações posturais básicas. Sentindo necessidade de informações mais detalhadas para a sua atividade, consulte livros especializados em ergonomia.
- Orientações para dar continuidade à prática dos exercícios após o término do diário.

Na medida do possível, consulte essas informações adicionais durante a leitura do diário, pois são atividades que complementam os exercícios semanais.

BLOCO 1

MEU PROGRAMA
– BLOCO 1 –

Data de início: _____

Metas principais do Bloco 1:
(Registre os passos intermediários para atingir sua meta final)
_____
_____
_____
_____

Metas secundárias:
_____
_____
_____
_____

Nível de motivação: ① ② ③ ④ ⑤

> Preencha as tabelas semanais no decorrer do bloco (4 semanas) marcando os dias em que praticou exercícios. Além disso, registre todas as atividades físicas realizadas na semana.

SEMANA 1:

	Segunda	Terça	Quarta	Quinta	Sexta	Sábado	Domingo
Exercícios do diário							
Exercícios aeróbicos							

SEMANA 2:

	Segunda	Terça	Quarta	Quinta	Sexta	Sábado	Domingo
Exercícios do diário							
Exercícios aeróbicos							

SEMANA 3:

	Segunda	Terça	Quarta	Quinta	Sexta	Sábado	Domingo
Exercícios do diário							
Exercícios aeróbicos							

SEMANA 4:

	Segunda	Terça	Quarta	Quinta	Sexta	Sábado	Domingo
Exercícios do diário							
Exercícios aeróbicos							

— SEMANA 1 —
Posição em decúbito dorsal, controle do quadril e alongamentos básicos

Observações importantes

Pratique os exercícios em DD, com os joelhos flexionados e os pés apoiados.

Passo 1 (posicionamento inicial):

- Deite-se confortavelmente de costas (DD) e observe o alinhamento de seu corpo.
- Observe também que existe um espaço entre a cintura (região lombar) e o chão.

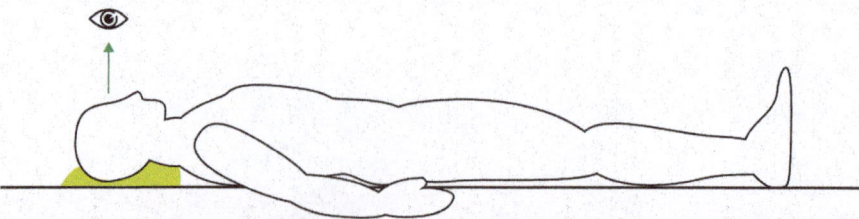

Passo 2:

- Flexione os joelhos, um de cada vez, e apoie os pés no chão, deixando-os levemente afastados.
- Observe que a cintura (região lombar) se aproxima suavemente do chão.

Passo 3:

▸ Pressione os pés contra o chão e permita que a sua cintura se alongue e se aproxime e/ou toque o chão. Nesse momento, observe o trabalho da região inferior do abdome (região pélvica) para a manutenção da posição.
▸ O movimento não deve ser excessivo a ponto de perder a curvatura fisiológica da região lombar.
▸ Podemos chamar esse movimento do quadril de inclinação pélvica. Essa é a posição inicial para os exercícios em DD com os joelhos flexionados.

Conforme seu grau de lordose lombar, a contração para manter a posição será mais ou menos intensa.

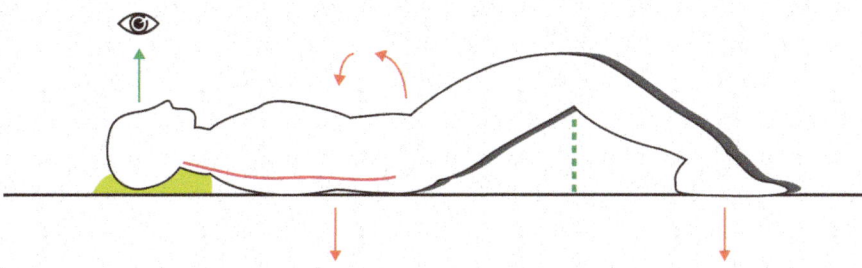

Prática da semana 1: O controle do quadril e alguns alongamentos básicos

Lembre-se: caso você não tenha nenhuma restrição para a prática de exercícios, siga a sequência completa. Se pertence ao grupo especial, faça somente os exercícios indicados com este símbolo: ☀.

Ao lado de cada desenho haverá um espaço para você anotar suas observações sobre o exercício. Escreva, por exemplo: "fácil", "gostei", "senti dor", "praticar mais", "preciso entender melhor". Anote sempre que julgar necessário.

Antes de iniciar os exercícios: deite-se confortavelmente em DD, observe o alinhamento de seu corpo, percebendo a coluna vertebral e trazendo a cabeça ao final desse alinhamento. Relaxe os membros superiores e inferiores, respire lenta e profundamente.

Observe e registre suas sensações corporais e mentais nesse momento. Agora, inicie a sua série de exercícios. Em DD, flexione os joelhos e apoie os pés no chão. Posicione os joelhos e os pés levemente afastados.

Exercício 1 – Inclinação pélvica: mobilização do quadril

▸ Pressione os pés no chão e movimente o seu quadril, *sentindo a região lombar se aproximar do chão*. Mantenha a posição por 10T. Em seguida, relaxe. Repita e observe o movimento outra vez.

Você perceberá melhor o movimento levando sua mão à região inferior do abdome, abaixo do umbigo, e sentindo o trabalho muscular durante o movimento do quadril.

Observe que o ponto da cintura próximo ao chão leva ao alongamento da região lombar, porém mantenha sua curvatura (lordose) com suavidade.
Esse é o ponto de equilíbrio para iniciar os exercícios em DD, com os joelhos flexionados.

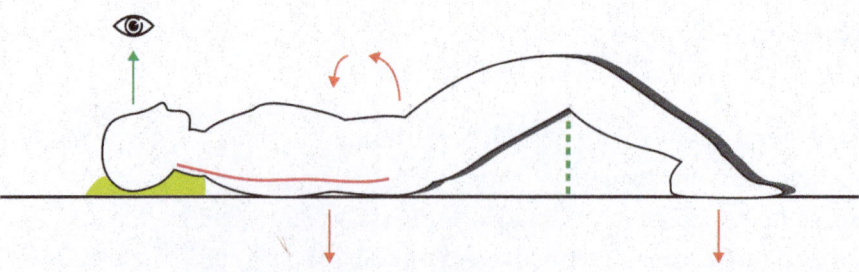

Exercício 2 – Trabalho da região lombar

Treinando para manter a posição da cintura próxima ao chão (ponto de equilíbrio), com os joelhos flexionados em alturas diferentes.

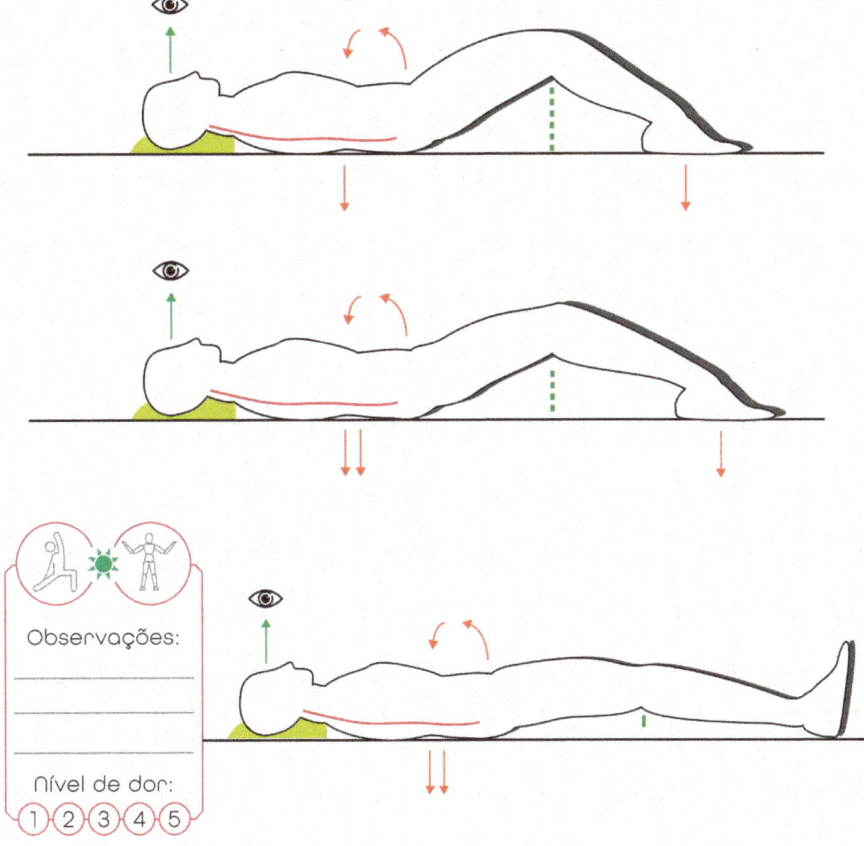

- Deite-se em DD, alinhe-se e centralize a cabeça. Dirija o olhar para o teto.
- Flexione os joelhos e apoie os pés.
- Como no exercício 1, pressione os pés no chão e ao mesmo tempo faça o movimento do quadril para que a cintura encoste ou se aproxime do chão. Para este exercício, mantenha a posição de trabalho por 20T, depois relaxe, sem estender os joelhos.
- Observe a pequena contração na parte inferior do abdome para que a cintura (região lombar) se mantenha alongada no chão. Nos próximos passos, perceberá que essa contração aumenta à medida que você estende os joelhos.

- Na sequência, deslize os pés para a frente, descendo um pouco mais os joelhos, aproxime a cintura (região lombar) em direção ao chão, mantenha 20T e relaxe.
- Novamente, deslize os pés deixando os joelhos bem próximo ao chão, repita o movimento do quadril alongando suavemente a região lombar e mantenha por 20T. Ao final do tempo, relaxe completamente os membros inferiores e a região lombar no chão.

Este treino será a base de todos os exercícios seguintes. Observe: quanto mais estendidos estiverem os joelhos, maior será o esforço para manter a região lombar em contato ou próxima do chão.

Exercício 3 – Alongamento dos músculos do quadril

- Deite-se em DD com os joelhos estendidos.
- Flexione um joelho e o abrace, trazendo-o em direção ao abdome.
- Ao mesmo tempo, pressione a perna que está estendida no chão, mantenha a pressão por 20T e relaxe.
- Apoie o pé no chão e estenda a perna juntamente com a outra.
- Repita o alongamento 2 vezes com cada lado.

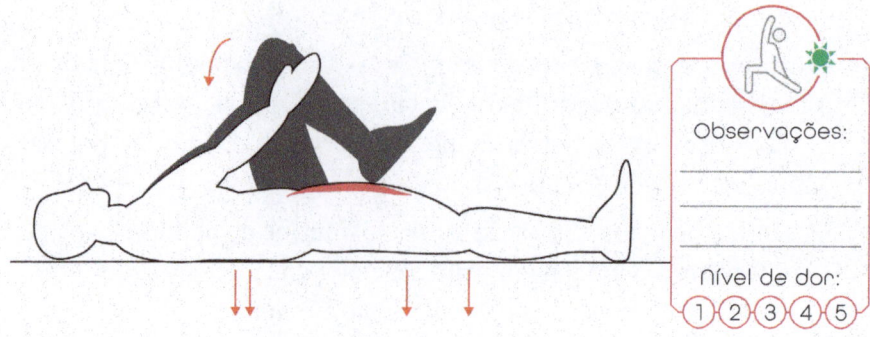

Exercício 4 – Alongamento dos músculos posteriores do joelho

- Em DD com os joelhos flexionados.
- Traga um joelho ao abdome, envolva a faixa elástica um pouco abaixo dos dedos do pé e segure as pontas da faixa.
- Lentamente, estenda essa perna para cima o mais alto que conseguir.
- Com a ajuda do elástico, puxe a ponta do pé para sua cabeça e mantenha o joelho estendido. Perceba o alongamento na parte posterior do joelho. Mantenha por 20T, flexione o joelho, apoie a perna no chão e relaxe.
- Caso você não tenha uma faixa elástica, faça o mesmo movimento e sustente a perna estendida na altura em que sente o alongamento. Mantenha a posição com ajuda das mãos entrelaçadas, segurando a coxa.
- Repita 2 vezes com cada perna.

Atenção:

» Se você tiver um encurtamento importante neste exercício, assinale e repita-o em outras semanas. Com a prática você vai adquirir maior flexibilidade.

» Cuidado para não tensionar os ombros ou o pescoço. Se os ombros estão se elevando, use uma almofada ou um travesseiro sob a cabeça.

Observações:
_____
_____
_____

Nível de dor:
① ② ③ ④ ⑤

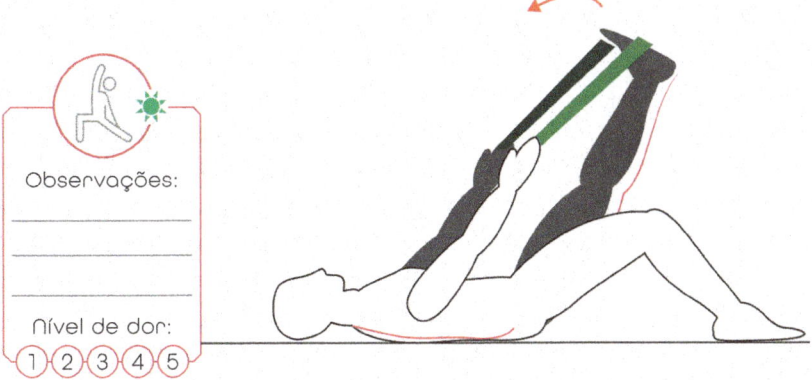

Exercício 5 – Alongamento da região lombar

- Em DD com os joelhos flexionados e os pés apoiados.
- Traga os joelhos ao abdome, abrace-os e mantenha-os pressionados junto do abdome por 20T. Relaxe e repita mais 20T.

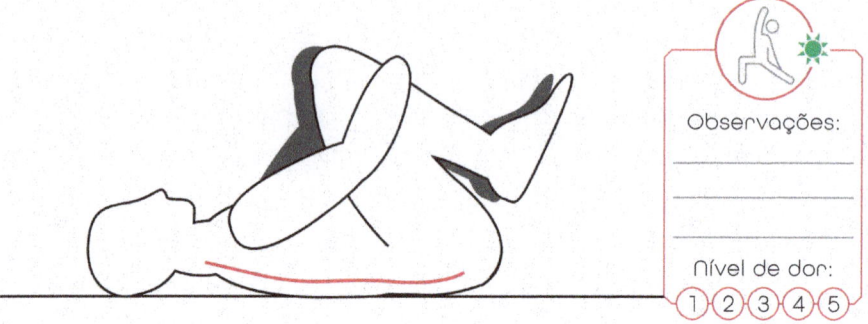

Exercício 6 – Alongamento da região lateral do quadril e da coxa

- Deite-se em DD com os joelhos estendidos.
- Cruze a perna esquerda sobre a perna direita e, com a mão direita, pressione a coxa em direção ao chão. Sinta o alongamento da região do glúteo E. Mantenha a pressão por 20T e relaxe.
- Retorne a perna que foi trabalhada ao chão.
- Repita 2 vezes com cada perna.

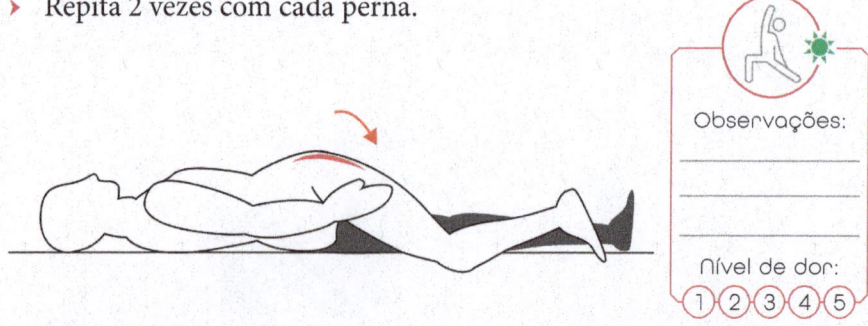

Exercício 7 – Exercício do banquinho: trabalho com os músculos abdominais

- Deite-se em DD, com os joelhos flexionados, os pés apoiados e os braços abertos em cruz.
- Traga os joelhos ao abdome.

- Aponte os joelhos em direção ao teto.
- Levante os pés até a altura dos joelhos.
- Mantenha as pernas nessa posição durante 10T. Respire normalmente enquanto mantém a posição e, em seguida, flexione os joelhos e relaxe.
- Repita 3 vezes.

Atenção:

» Este exercício é básico e muito eficiente, desde que seja executado sem grande esforço.

» Observe a melhor posição de seus joelhos e a altura dos pés. Para obter benefício, é importante que você mantenha a posição de trabalho sem tensionar o pescoço ou a região lombar, prender a respiração ou qualquer outro tipo de compensação.

» Encontrando dificuldade, traga os joelhos mais próximo do abdome e/ou aumente a flexão dos joelhos, abaixando um pouco os pés.

» Quando terminar o exercício, não desça as duas pernas ao mesmo tempo, e sim apoie um pé de cada vez no chão. Esse cuidado protege a sua coluna lombar!

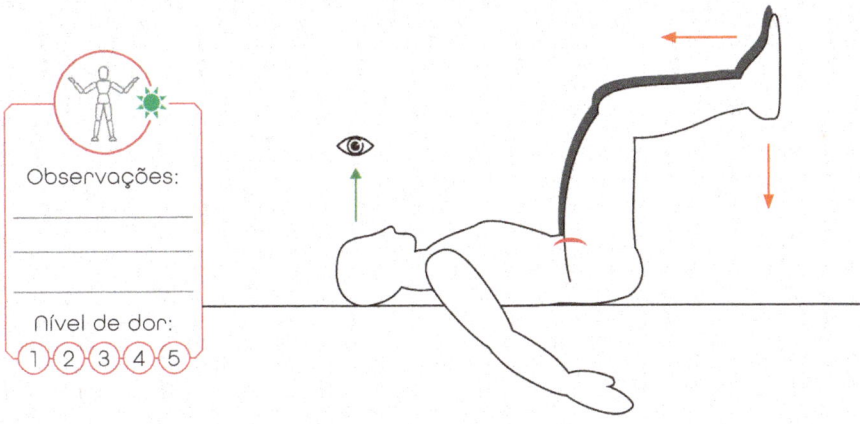

> ☀ **Grupo especial**
>
> Neste exercício utilize a seguinte alternativa: traga os joelhos flexionados ao abdome e os mantenha nessa posição sem auxílio dos braços por 10T. Ao final, apoie os pés no chão, lembrando de descer uma perna de cada vez. Relaxe.
> Repita 3 vezes. Relaxe e respire lentamente entre cada repetição.
>
>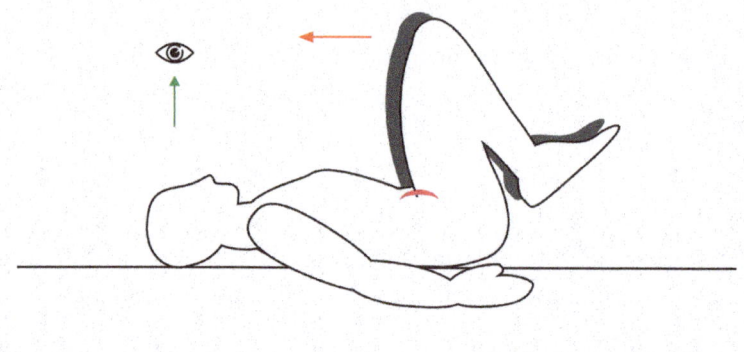

Exercício 8 – Alongamento de toda a coluna

- Posicione-se em DD, com os joelhos flexionados e os pés apoiados (posição inicial).
- Traga a cintura em direção ao chão (inclinação pélvica) e mantenha essa posição durante todo o exercício.
- Leve os braços ao lado da cabeça, inspire e, quando soltar o ar (expirar), alongue seus braços na direção oposta aos pés. Com os braços, alongue toda a coluna desde o quadril, porém não esqueça que a região lombar vai permanecer em inclinação pélvica.
- Repita 2 vezes o alongamento e, em seguida, estenda uma perna de cada vez no chão, preparando-se para o relaxamento.

Se tiver problemas no ombro, você pode manter os braços elevados do chão, no ponto em que não sente dor, apoiados sobre um travesseiro alto atrás da cabeça.

Se ainda assim sentir desconforto, deixe os braços levemente abertos ao lado do corpo e observe o alongamento de toda a coluna quando leva a cintura (região lombar) para o chão.

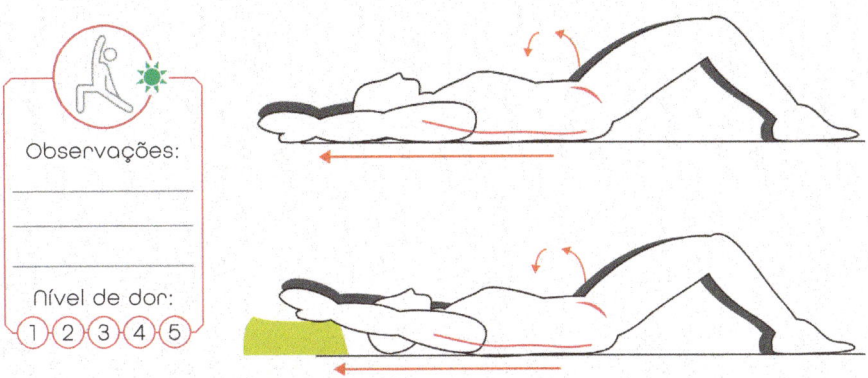

Observações:
_____
_____
_____

Nível de dor:
① ② ③ ④ ⑤

Finalize a série de exercícios em posição de relaxamento.

▸ Deite-se em DD, coloque uma almofada ou um travesseiro sob os joelhos.
▸ Realize respirações lentas e profundas, relaxando todo o seu corpo no chão.
▸ Nesse momento, observe e registre as suas percepções corporais e os seus pensamentos.

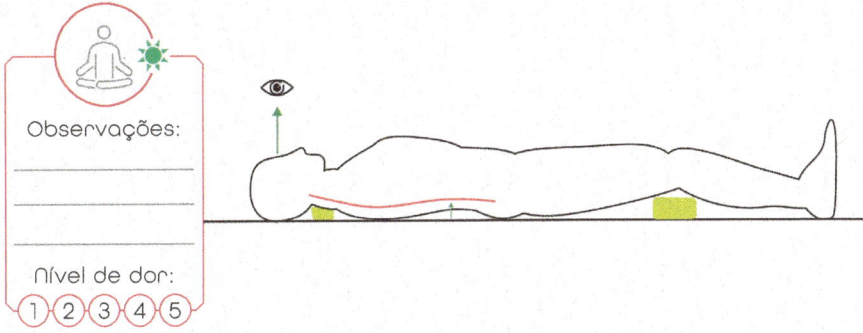

Observações:
_____
_____
_____

Nível de dor:
① ② ③ ④ ⑤

Levante-se lentamente, virando primeiro para o lado para depois se levantar do chão ou da cama.

Essa primeira semana é a apresentação de alguns conceitos, abreviaturas e critérios que se repetirão em todos os exercícios. Por isso atente-se aos detalhes e, sempre que necessário, revise as orientações antes de praticar os exercícios.

Bom trabalho!

VOCÊ APRENDEU NESTA SEMANA:

» A rotina antes de iniciar e ao finalizar a sua série de exercícios.
» A posição inicial dos exercícios em DD.
» Fazer a inclinação pélvica encontrando o seu ponto de equilíbrio.
» Orientações muito importantes para o trabalho dos músculos abdominais.
» Alongar toda a coluna por meio da inclinação pélvica.
» A posição de relaxamento.

Observações da semana: (Anote todas as impressões importantes sobre seus exercícios, seus pensamentos, seus movimentos etc.)

_____
_____
_____
_____
_____
_____
_____

– SEMANA 2 –
Trabalho com o abdome e região lateral da coxa

Observações Importantes

Como se pode observar na figura a seguir, a musculatura abdominal é semelhante a um grande colete formado por estruturas que permitem sustentação, proteção, estabilidade e também movimentos ao tronco.

Esses músculos apresentam fibras direcionadas em linhas verticais, oblíquas e transversais, e estão dispostos em camadas, sendo o músculo número 1 o mais superficial e o número 4 o mais profundo.

Observando as direções das fibras, sabemos que, para trabalhar o conjunto do abdome, é necessário praticar abdominais centralizados e em diagonal, por exemplo, o exercício do banquinho, agora também para os lados.

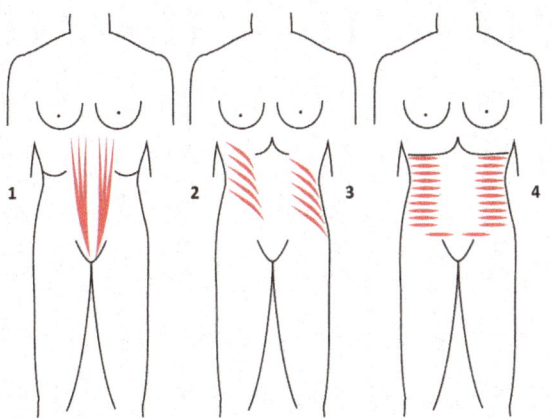

Músculos do abdome:

1. Músculo reto do abdome.

2. Músculo oblíquo externo do abdome.

3. Músculo oblíquo interno do abdome.

4. Músculo transverso do abdome.

> **Atenção:**
> » Antes de iniciar, lembre-se de que, em todos os exercícios em DD, o olhar estará direcionado para a frente; com isso o queixo não se eleva e também não faz pressão sobre a garganta.
> » A cabeça permanecerá em posição neutra.
>
>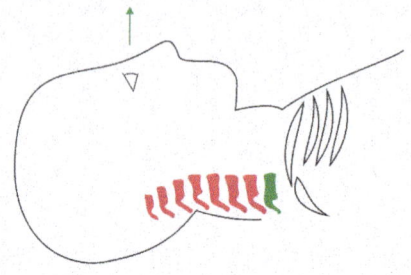

Prática da semana 2: Trabalho abdominal e região lateral da coxa

- Deite-se em DD, com os joelhos estendidos. Observe o alinhamento da coluna vertebral, centralize a cabeça, relaxe os membros superiores e inferiores. Registre as suas sensações nesse momento.
- Agora está pronto para iniciar seus exercícios.
- Flexione os joelhos um de cada vez e apoie os pés no chão.

Exercício 1 – Alongamento da região lombar (= semana 1), com movimento de puxar/soltar

- Traga os joelhos ao abdome e, em seguida, os abrace.
- Faça movimentos suaves e repetidos, como um balanço, na direção do abdome, puxe/solte 10 vezes. Na última vez, mantenha por 10T.
- Repita mais 1S.
- Cuidado para não elevar os ombros durante o movimento.
- Se você sentir que os ombros estão se elevando, utilize um travesseiro sob a cabeça.

Observações:
_____
_____
_____

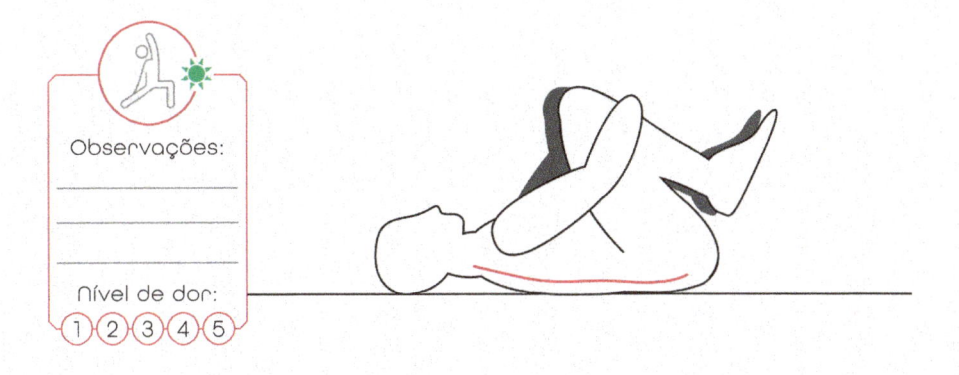

Nível de dor:
① ② ③ ④ ⑤

Exercício 2 – Mobilização da região lombar lateralmente

- Traga os joelhos ao abdome e os abrace.
- Faça movimentos suaves com os membros inferiores para os lados (movimento pequeno), massageando a cintura no chão. Repita a oscilação lateral 20 vezes. Volte ao centro e relaxe.
- Observe que os braços auxiliam e sustentam o movimento lateral.

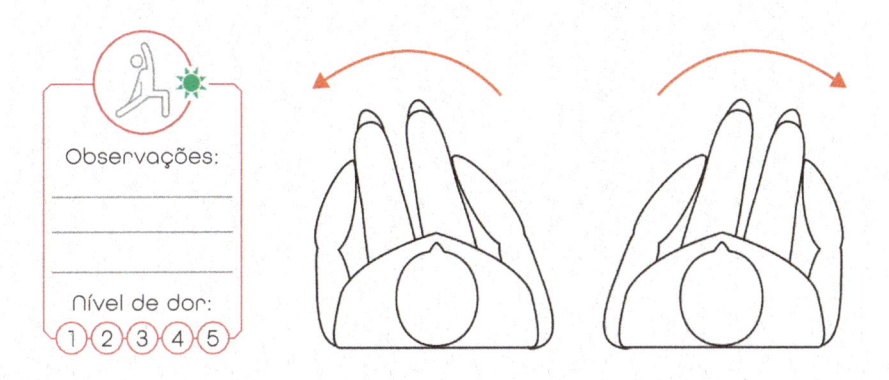

Observações:
_____
_____
_____

Nível de dor:
① ② ③ ④ ⑤

Exercício 3 – Alongamento de toda a coluna com os joelhos no abdome

- Em DD, com os joelhos flexionados, os pés apoiados no chão e os braços ao lado da cabeça.
- Traga os membros inferiores junto ao abdome e mantenha a posição.
- Repita o mesmo alongamento da semana 1. Inspire e, ao expirar, alongue-se, tracionando os braços na direção oposta aos pés. Com os joelhos no abdome, você intensifica o alongamento da região lombar. Mantenha essa posição por 20T.

- Caso sinta a posição dos braços incômoda, pode apoiá-los em um travesseiro alto ou sobre uma manta. Se mesmo assim tiver dificuldade com a posição, mantenha os braços para baixo, um pouco afastados do corpo, e procure posicionar-se com a coluna alongada. Não insista na posição caso sinta dor.
- É importante manter a região lombar alongada, trazendo os joelhos bem próximo do abdome.

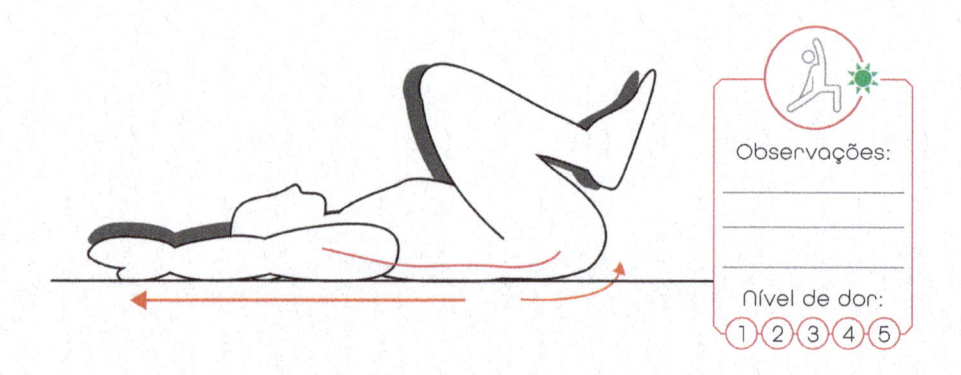

Observações:
_____
_____
_____

Nível de dor:
① ② ③ ④ ⑤

Exercício 4 – Trabalho da região abdominal: músculos reto e oblíquos do abdome

- Inicie repetindo o exercício do banquinho da semana 1. Deite-se em DD, com os braços abertos em cruz, os joelhos para o teto e as pernas e os pés paralelos ao chão.
- Mantenha por 10T os joelhos centralizados, com os pés elevados. Procure não prender a respiração durante o trabalho.
- Em seguida, faça um *pequeno* deslocamento dos membros inferiores em bloco para a direita e mantenha a posição por 10T.
- Retorne com os joelhos ao centro.
- Repita para o lado esquerdo. Mantenha a posição por 10T.
- Centralize os joelhos e relaxe. Cuide de apoiar um pé de cada vez no chão.

Atenção:

» Certifique-se de fazer um deslocamento pequeno para os lados.

» Lembre-se de trazer os joelhos para o abdome e/ou descer levemente os pés, para que você controle a posição conforme o seu grau de dificuldade. Evite compensações com outras regiões de seu corpo.

Repita mais uma vez a sequência completa: no centro e para a D/E. Relaxe e respire profundamente.

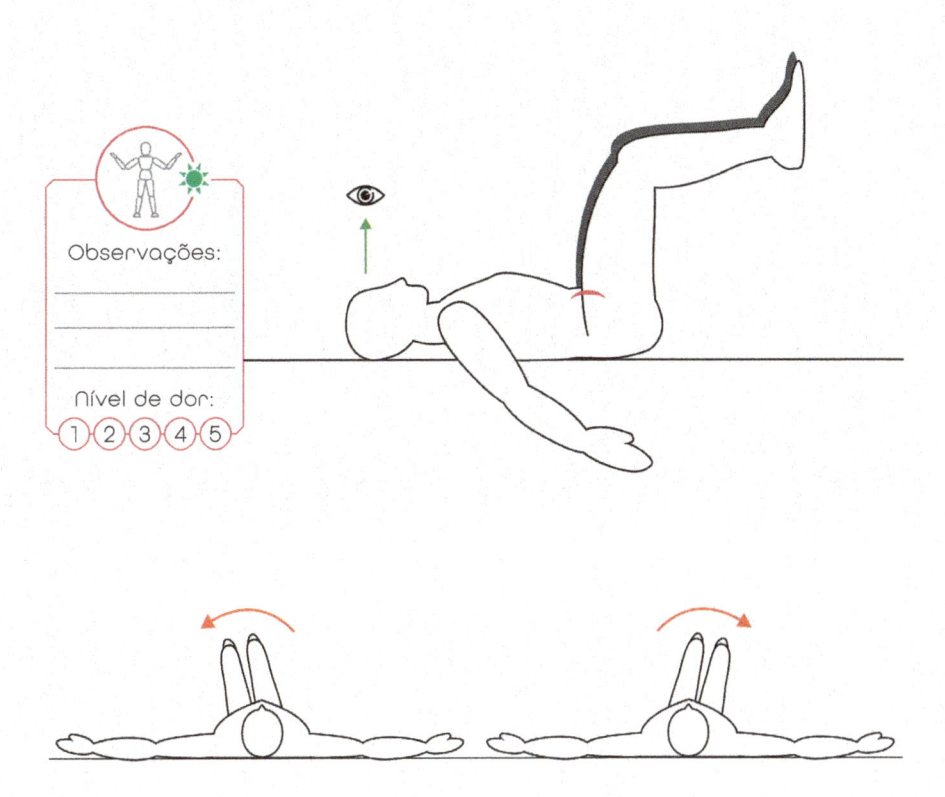

Observações:
_____
_____

Nível de dor:
① ② ③ ④ ⑤

☀ Grupo especial

Trabalhe como na semana 1. Mantenha os joelhos próximo ao abdome no centro e também ao deslocar os membros inferiores para a D e a E. Mantenha por 10T em cada posição. Faça lentamente os movimentos e procure manter a respiração livre. Lembre-se: movimentos pequenos para os lados.

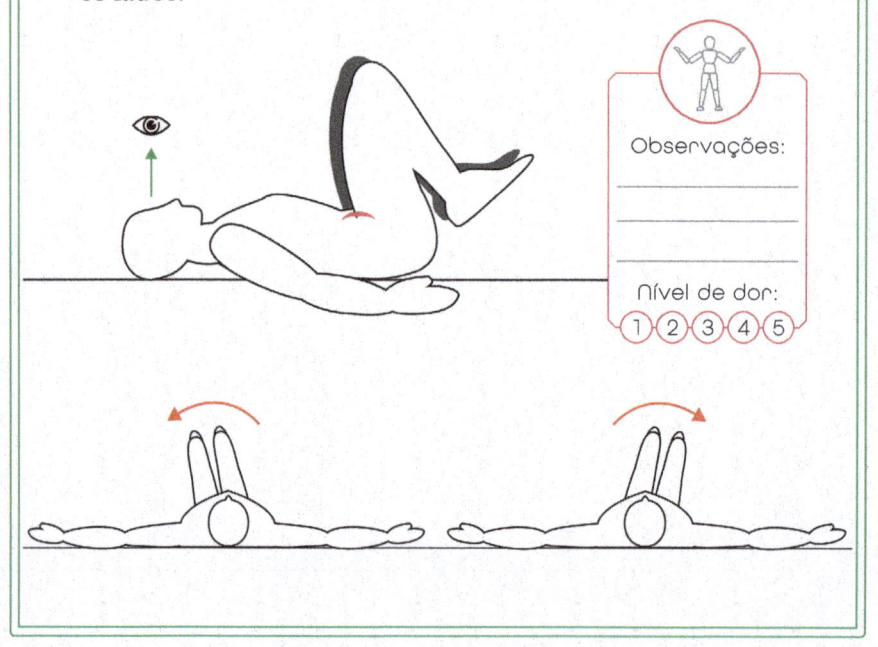

Observações:
_____
_____
_____

Nível de dor:
① ② ③ ④ ⑤

Exercício 5 — Trabalho dos músculos adutores (região lateral interna da coxa) em DD

▸ Deite-se em DD, com os joelhos flexionados, os pés apoiados e a região lombar próxima ao chão.
▸ Coloque uma bolinha média ou uma almofada entre os joelhos, pressione a bolinha (ou almofada) e relaxe. Repita 10 vezes e, na última vez, mantenha por 10T.
▸ Repita 10X + 10T na última vez.

Observações:
_____
_____
_____

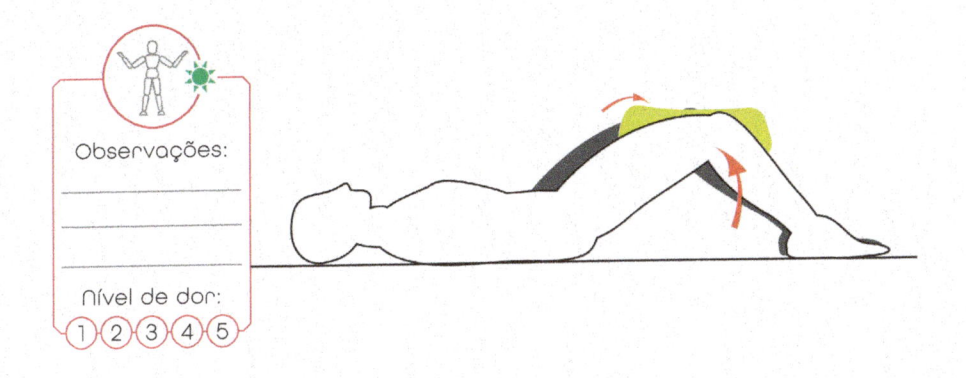

Nível de dor:
① ② ③ ④ ⑤

Exercício 6 – Trabalho do músculo abdutor (região lateral do quadril) em DD

- Em DD, com os joelhos flexionados e os pés apoiados e unidos.
- Amarre uma faixa elástica para exercícios, de média intensidade, ao redor das coxas, um pouco antes dos joelhos. Segure as pontas da faixa com uma ou as duas mãos. Se preferir, pode dar um nó na faixa, para segurar.
- Faça o movimento de afastamento dos joelhos, mas sem mover os pés. Afaste os joelhos até 30 cm, no máximo, e volte a uni-los. Controle para que o movimento de abertura/fechamento seja lento.
- Repita 10X + 10T. Faça toda a sequência mais 1 vez.

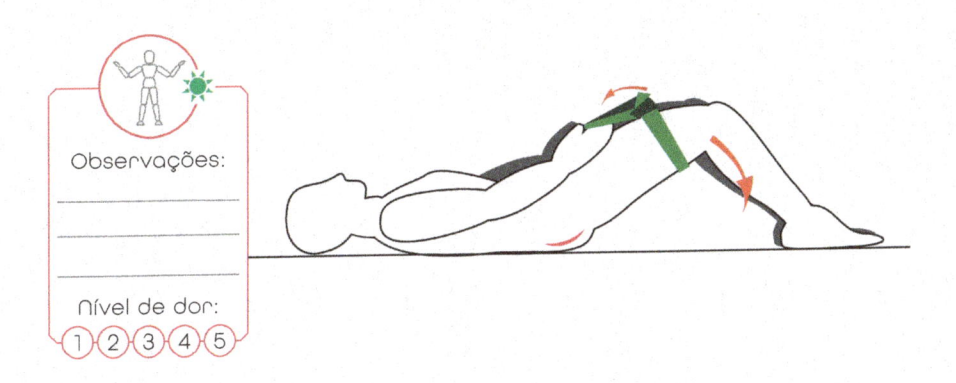

Observações:
_____
_____
_____

Nível de dor:
① ② ③ ④ ⑤

Exercício 7 – Alongamento de toda a coluna (= semana 1)

- Em DD, com os joelhos flexionados, os pés apoiados, os braços ao lado da cabeça e a região lombar próxima ao chão.

▸ Inspire e, expirando, alongue-se a partir do quadril. Nesse momento, respire normalmente e permaneça no alongamento por 20T. Relaxe e, lentamente, estenda os joelhos e prepare-se para a posição de relaxamento.

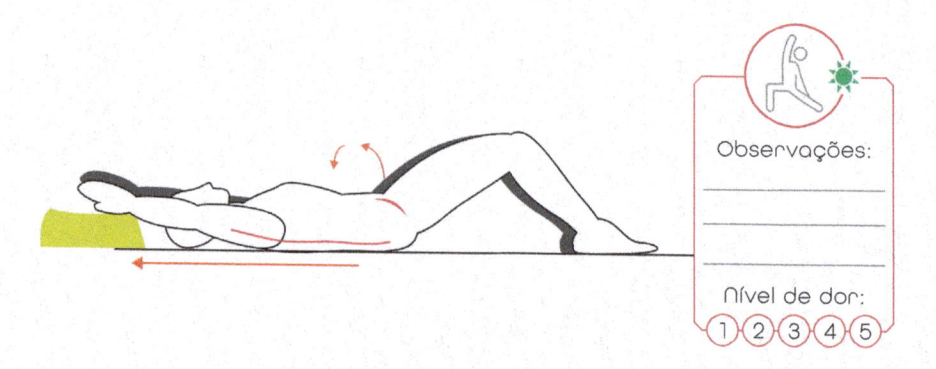

Observações:
_____
_____
_____

Nível de dor:
① ② ③ ④ ⑤

Nessa posição, leve uma mão sobre a região inferior do abdome (pélvica) e respire profundamente 5 vezes. Sinta com suas mãos o movimento da região na inspiração e expiração. Você perceberá o movimento respiratório como uma onda suave que circula livre pelo interior de seu corpo.

Ao final, levante-se devagar e retorne a suas atividades.

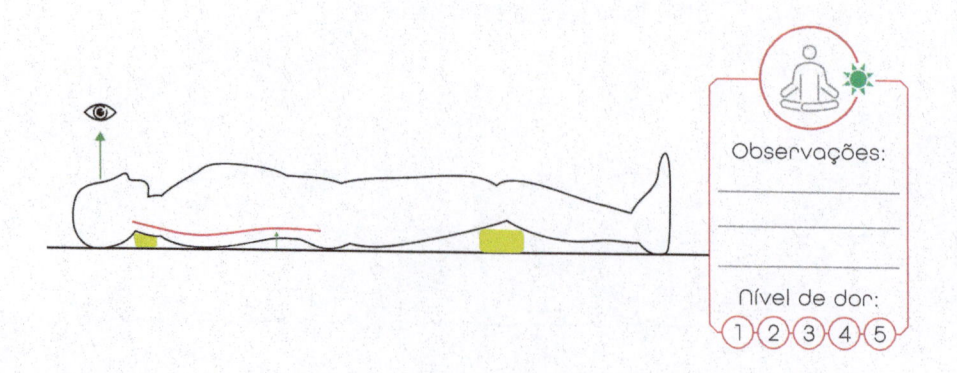

Observações:
_____
_____
_____

Nível de dor:
① ② ③ ④ ⑤

Lembre-se: alongamento não significa levar os músculos e articulações ao extremo. Atenção ao limite e à suavidade para executar o movimento.

Atenção:

Para efeito deste diário, os exercícios abdominais com elevação da cabeça e/ou tronco e os de elevação das pernas a pouca distância do chão não serão sugeridos. Vamos nos concentrar em exercícios que tenham sobrecarga mínima sobre a coluna vertebral.

VOCÊ APRENDEU NESTA SEMANA:

» A importância de trabalhar os músculos abdominais no centro e nas diagonais.
» Como trabalhar a região interna da coxa e região externa do quadril.
» A alongar toda a coluna intensificando o trabalho na região lombar.

Observações da semana:

– SEMANA 3 –
Posição em decúbito lateral, mobilização das escápulas, trabalho com glúteos

Observações Importantes

Deite-se de lado, flexione os joelhos, estenda o braço de baixo sob a cabeça. Se não estiver confortável use um travesseiro que tenha a altura de seu ombro.

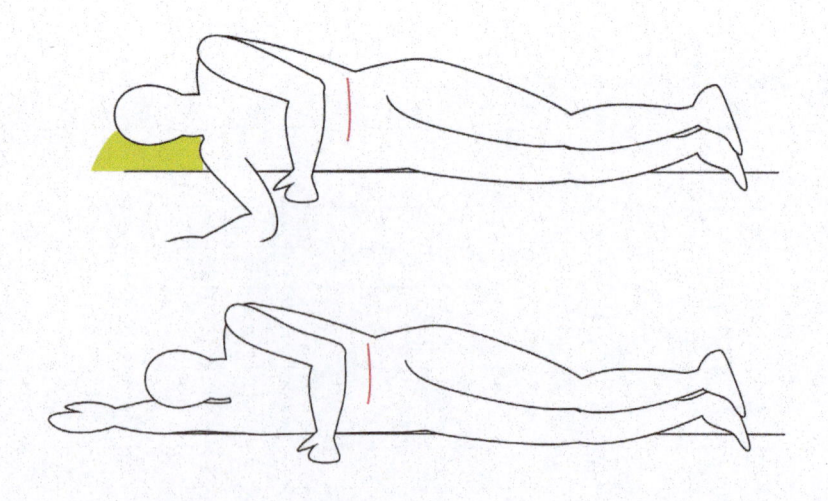

Posição DL com joelhos flexionados.

> **Atenção:**
> Atenção ao alinhamento. O quadril, a coluna vertebral e a cabeça devem estar alinhados. Imagine que você está encostado em uma parede. Mantenha o olhar para a frente, sem elevar o queixo ou pressionar a garganta.

Observe a linha verde, marcando o alinhamento de cabeça, escápula, sacro, como se estivesse olhando seu corpo de cima.

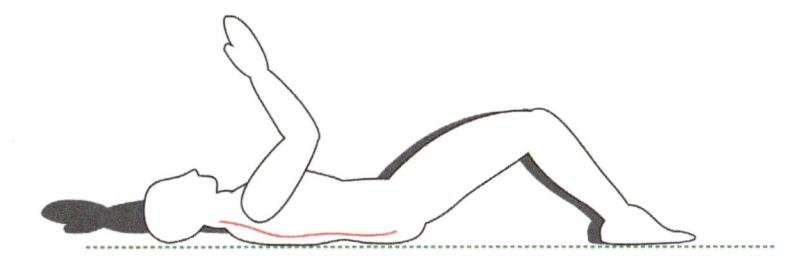

Faça o movimento do quadril exatamente como fez na semana 1, procurando alongar a região lombar e mantendo durante todo o trabalho lateral.

Para perceber melhor o movimento, leve sua mão à parte inferior do abdome e sinta o trabalho da região.

Deite-se em DD, com os joelhos estendidos. Observe o alinhamento de seu corpo, e mantenha o olhar para a frente.

Prática da semana 3: Trabalhando escápulas, musculatura abdominal e glúteos

Flexione os joelhos (um de cada vez) e apoie os pés no chão.

Traga a região lombar para o chão e mantenha essa posição durante os exercícios. O travesseiro é opcional.

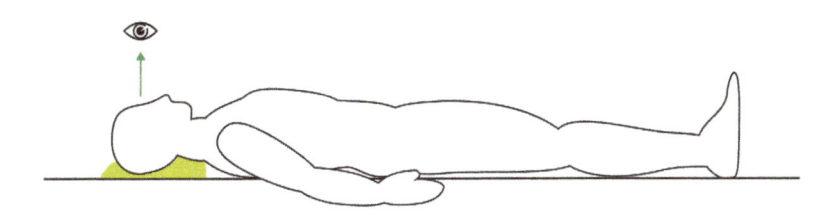

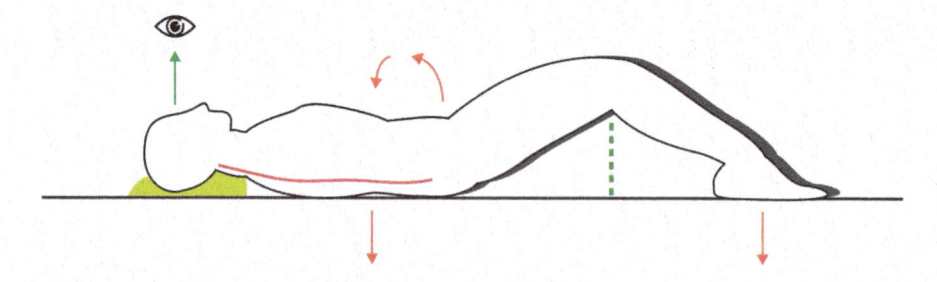

Exercício 1 – Mobilização das escápulas

Observe as escápulas em rosa no desenho.

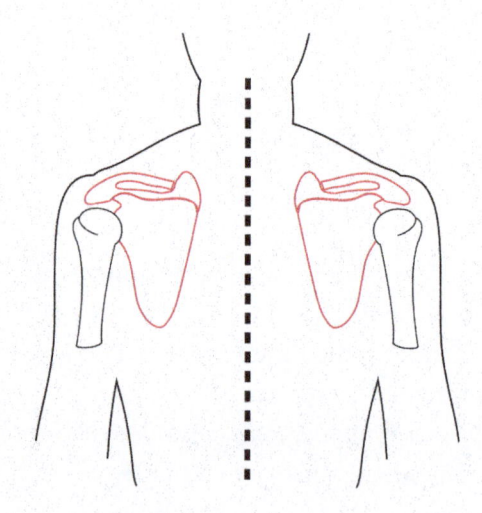

- Eleve um braço em direção ao teto, alongue-o como se fosse tocar a ponta dos dedos da mão no teto, perceba o movimento da escápula para fora durante a tração e seu distanciamento da coluna. Em seguida, relaxe a tração, mas mantenha o braço para o teto.
- Repita o movimento da escápula para fora 10 vezes. Ao finalizar as repetições, desça o braço e o posicione ao lado do corpo.
- Observe a região das escápulas, compare a sensação entre o lado que foi trabalhado e o outro em repouso.
- Repita o movimento com o outro braço 10 vezes.
- Agora eleve os dois braços para o teto e faça o mesmo movimento, com os braços D e E trabalhando juntos, alongando/relaxando 10 vezes.

Observações:
_____
_____
_____

Nível de dor:
① ② ③ ④ ⑤

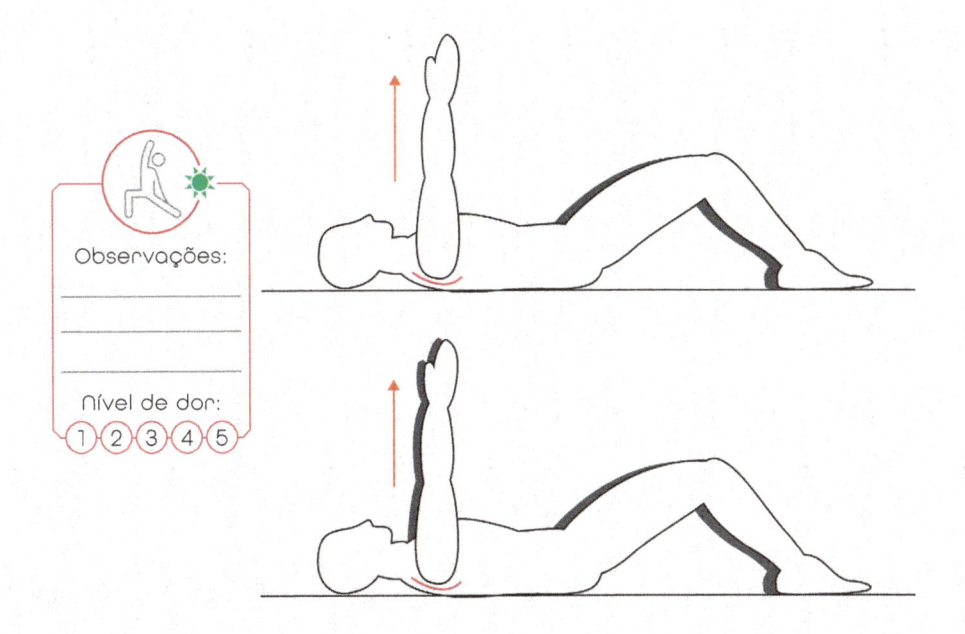

Exercício 2 – Alongamento da região lombar (= semana 1)

▸ Traga os joelhos ao abdome, abrace-os e mantenha-os pressionados por 20T. Relaxe e repita.

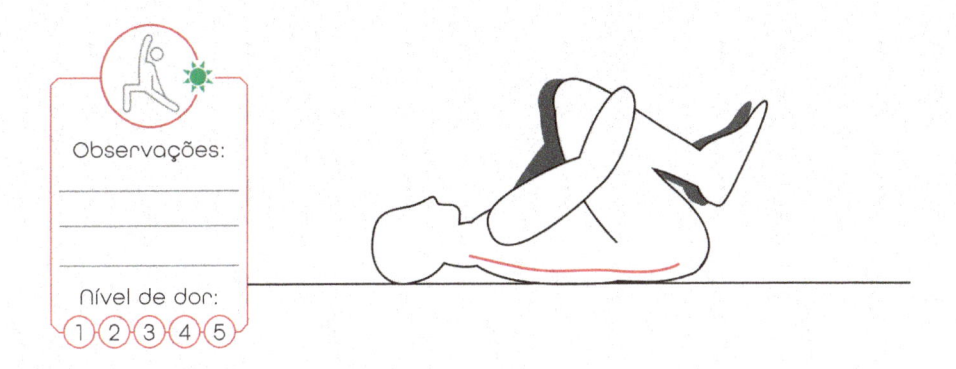

Observações:
_____
_____
_____

Nível de dor:
① ② ③ ④ ⑤

Exercício 3 – Exercício da ponte: trabalho com os glúteos

▸ Deite em DD, com os joelhos flexionados e os pés apoiados.
▸ Passo 1: posicione a região lombar (cintura) em direção ao chão.
▸ Passo 2: eleve lentamente o quadril e a cintura do chão. Mantenha a elevação por 10T. Desça o quadril e relaxe.

Repita toda a sequência 5 vezes.

> **Atenção:**
> Eleve somente o quadril e a região lombar; a parte alta do tórax permanece no chão.

Passo 1: inclinação pélvica.

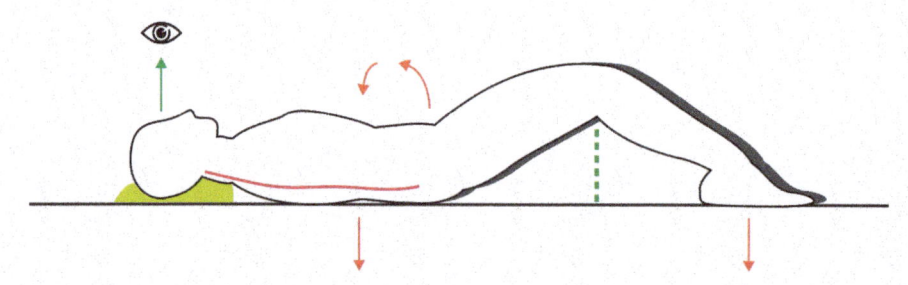

Passo 2: elevação do quadril.

Observações:
_____
_____
_____

Nível de dor:
① ② ③ ④ ⑤

Exercício 4 – Exercício do banquinho: trabalho dos músculos abdominais (= semana 1)

- Recordando: DD, com os joelhos flexionados, os pés apoiados e os braços abertos em cruz.
- Traga os joelhos ao abdome.
- Aponte os joelhos em direção ao teto.
- Levante os pés até a altura dos joelhos.
- Mantenha as pernas nessa posição por 10T, flexione os joelhos e relaxe.

Observações:
....
....

Nível de dor:
① ② ③ ④ ⑤

Repita 3 vezes.

☀ Grupo especial

Neste exercício utilize a alternativa: traga os joelhos ao abdome e os mantenha nessa posição sem o auxílio dos braços. Mantenha a posição por 10T e, ao final, desça uma perna de cada vez, apoie o pé no chão e relaxe.

Observações:
....
....

Nível de dor:
① ② ③ ④ ⑤

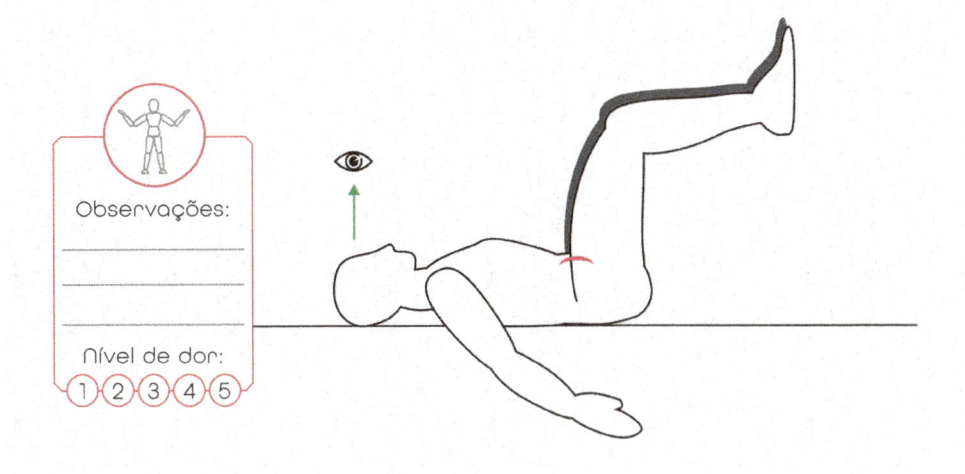

Repita 3 vezes.

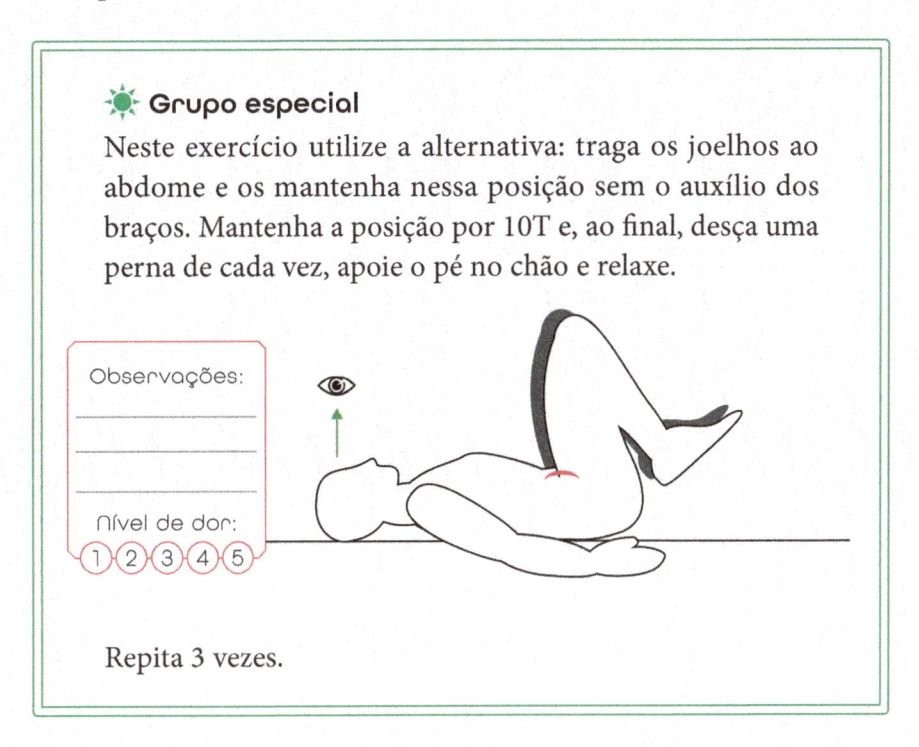

Para trabalhar em DL, relembre as observações para se posicionar corretamente.

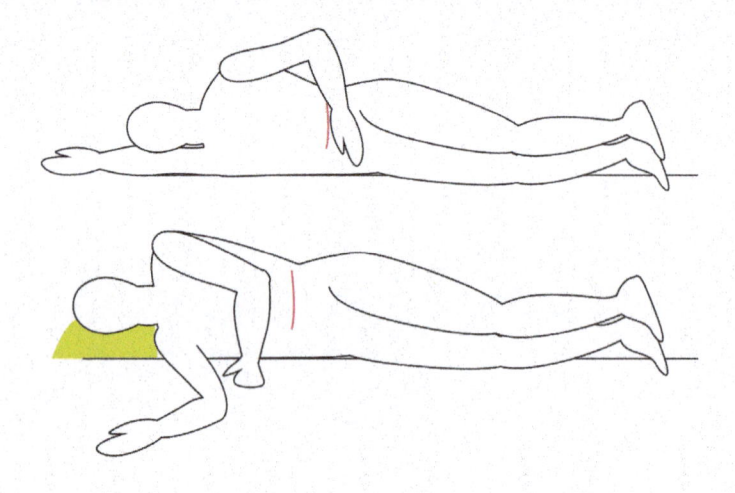

Exercício 5 – Inclinação pélvica ou movimento do quadril em DL

- Deite-se de lado e flexione os joelhos.
- Posicione sua mão na região inferior do abdome, abaixo do umbigo.
- Faça o movimento do quadril, alongando a cintura e relaxando, exatamente como fez em DD; sua mão será a sua referência para sentir o movimento. Mantenha o trabalho por 20T e relaxe.

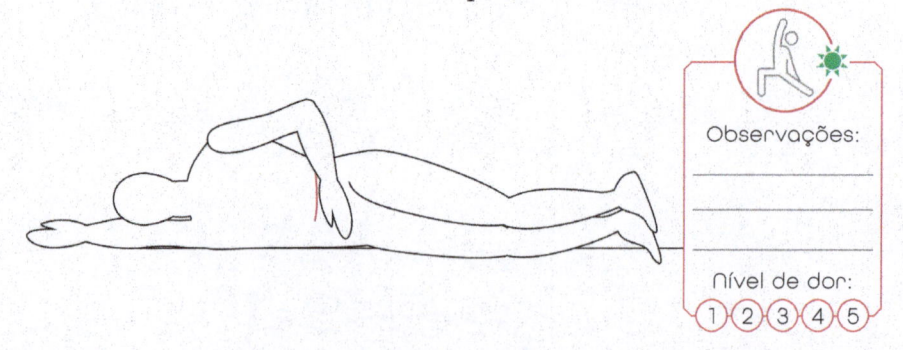

Observações:
_____
_____
_____

Nível de dor:
① ② ③ ④ ⑤

Atenção:
Faça o movimento lentamente; observe que a posição de relaxamento não é em hiperlordose lombar.

Recorde a curvatura lombar fisiológica (1) e a hiperlordose lombar (2).

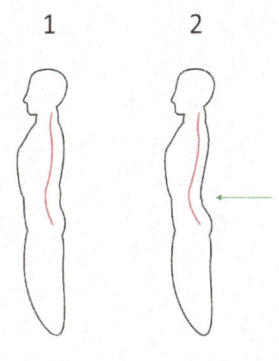

- É interessante que você sinta o movimento, levando sua mão à base da coluna, sobre o osso sacro, observando então o movimento do quadril acompanhado pela região lombar. Faça o movimento, mantenha por 20T e relaxe.

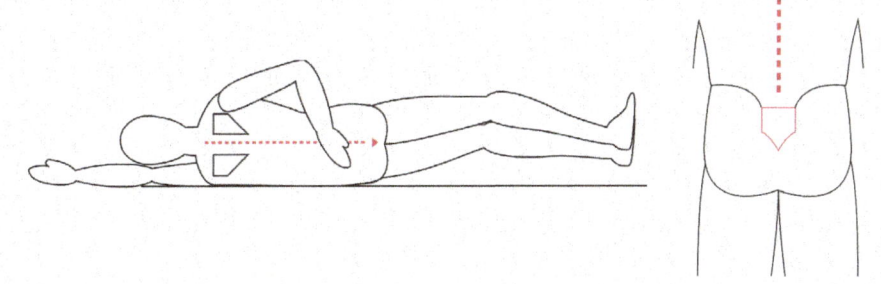

Localize o osso sacro:

Exercício 6 — Trabalho dos músculos abdutores (região lateral externa do quadril e da coxa)

- Em DL, com os joelhos flexionados e a região lombar alongada (como no exercício anterior).
- Estenda o joelho da perna de cima e leve a perna um pouco à frente em relação ao seu tronco.
- Eleve a perna de cima afastando os joelhos e volte devagar. Chegue próximo à perna de baixo e eleve novamente.
- Faça o movimento de elevar/voltar lentamente 10 vezes e, na última vez, mantenha a elevação por 10T.
- Repita mais um sequência completa (10X + 10T).

Atenção:
Eleve a perna até no máximo 30 cm.

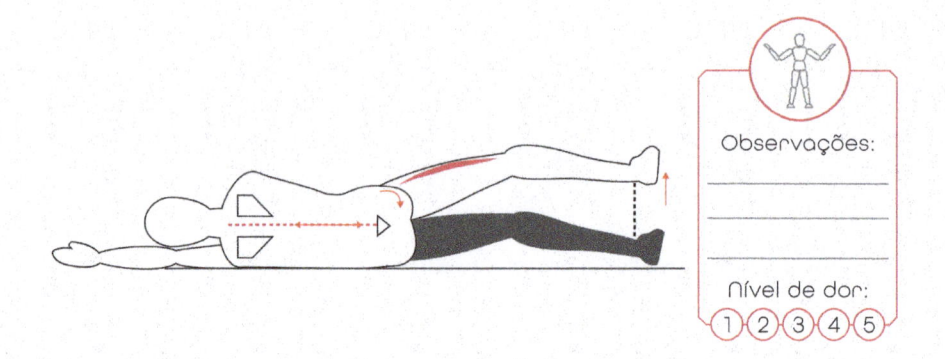

Observações:
_____
_____
_____

Nível de dor:
① ② ③ ④ ⑤

☀ Grupo especial

Substitua o exercício 6 pelo exercício do movimento de afastar os joelhos, em DD, com a faixa elástica. Afaste os joelhos 10X + 10T. Repita 3S.

Exercício 7 – Trabalho dos músculos adutores (região lateral interna da coxa)

▸ Em DL com os joelhos flexionados.
▸ Leve a perna de cima com o joelho flexionado para a frente, apoiando o joelho dessa perna no chão e deixando a perna de baixo livre.
▸ Estenda o joelho da perna de baixo e faça o movimento de elevar, distanciando-o do chão, e volte lentamente. Eleve e volte 10 vezes e, na última vez, mantenha 10T.
▸ Repita mais uma sequência completa (10X + 10T).

Atenção:

A elevação é menor que a do exercício anterior.

Esse movimento, para algumas pessoas, pode ser mais difícil; nesse caso, eleve bem pouco, pois a intenção do movimento já é um trabalho. Não tensione o restante do corpo para elevar a perna; use a mão do braço de cima como apoio, mas sem tensão.

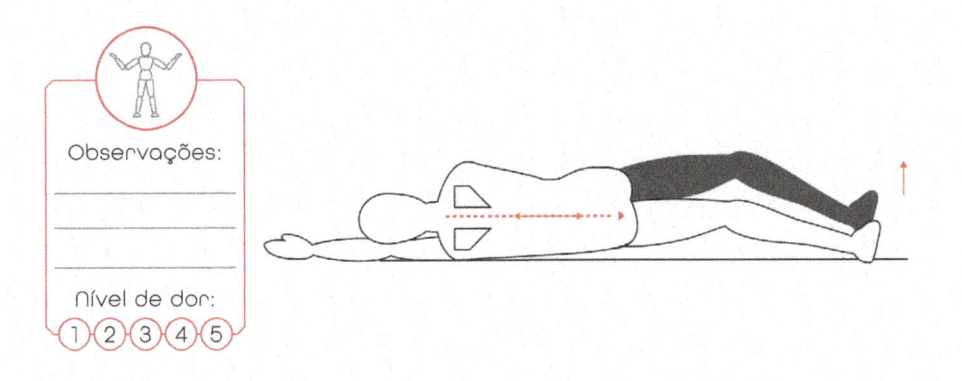

Observações:
_____
_____

Nível de dor:
① ② ③ ④ ⑤

☀ Grupo especial

Substitua o exercício 7 pelo exercício de pressionar a bolinha ou a almofada entre os joelhos em DD, faça 10 vezes, mantenha 10T na última vez. Repita 3S.

Observe que os músculos abdutores fazem o movimento de abdução/abertura dos joelhos e estão na região externa da coxa e do quadril. Os músculos adutores fazem o movimento de adução/aproximação dos joelhos e estão na região interna da coxa.

Para um treinamento equilibrado, é necessário trabalhar igualmente esses dois movimentos. Você pode trabalhar os músculos abdutores e adutores deitado em DL (ver semana 3) ou deitado em DD com a bolinha e o elástico (ver semana 2).

Músculos abdutores (abertura dos joelhos)

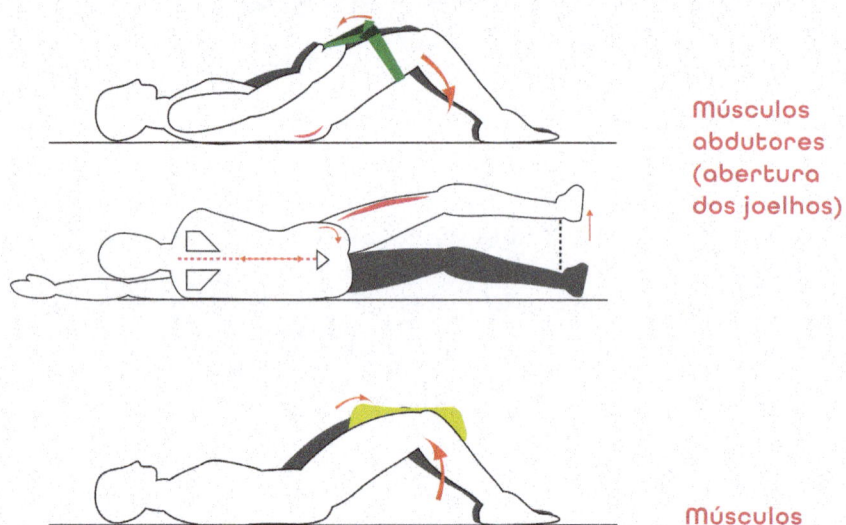

Músculos adutores (aproximação dos joelhos)

Retorne à posição DD, com os joelhos flexionados, os pés apoiados e a cintura próxima do chão.

Exercício 8 – Alongamento de toda a coluna (= semana 1)

- Lembre-se: olhe para o teto.
- A região lombar estabilizada, próxima do chão.

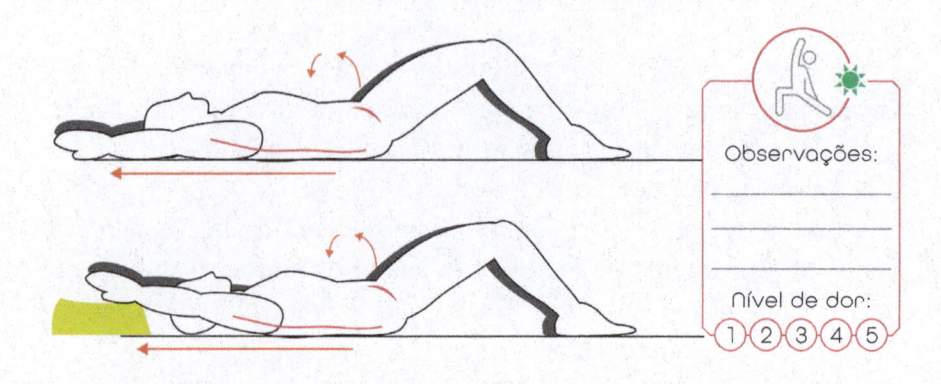

Observações:
_____
_____
_____

Nível de dor:
① ② ③ ④ ⑤

Após esse alongamento, finalize em posição de relaxamento.

Agora, observe e registre suas sensações corporais, percebendo os pontos de tensão. Respire profundamente e, a cada expiração, relaxe os tecidos nessas regiões contraídas. No momento em que se sentir relaxado e pronto, lentamente, prepare-se para levantar.

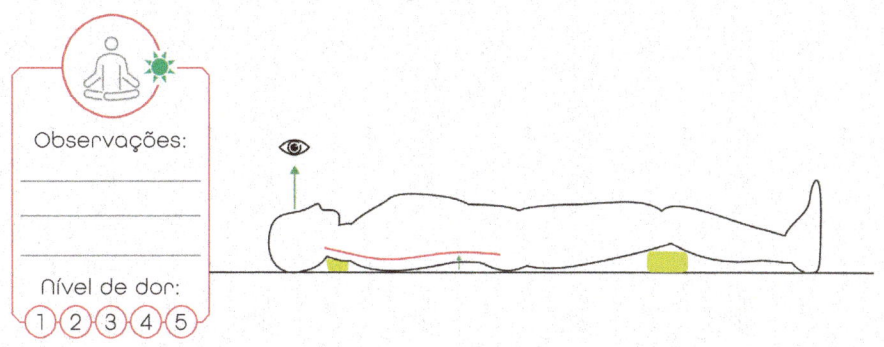

Observações:
_____
_____
_____

Nível de dor:
① ② ③ ④ ⑤

VOCÊ APRENDEU NESTA SEMANA:

» Mobilização das escápulas.
» Posicionar-se em DL.
» Trabalhar a região interna da coxa (músculos adutores) e a região externa da coxa (músculos abdutores) em DL. Observe que essa musculatura pode ser trabalhada também em DD no exercício de afastar os joelhos com a faixa elástica e no exercício de pressionar a bolinha.

Observações da semana:
_____
_____
_____
_____

Pratique seus exercícios com atenção e cuidado. Você está trabalhando com seu corpo. Se você realiza ou realizou exercícios em outros momentos de sua vida, fique aberto às mudanças, principalmente na relação com o ritmo e a amplitude dos movimentos.

– SEMANA 4 –

Revisão: alongamentos/ mobilizações e trabalho muscular; semanas 1, 2 e 3

Esta semana será de *revisão dos exercícios já conhecidos*. Eles estarão separados em duas fichas:

Ficha 1: Exercícios de mobilização/ alongamentos.

Ficha 2: Exercícios de trabalho muscular.

Lembre-se de fazer os exercícios lentamente, observando o posicionamento inicial correto, seja em DD ou DL.

Você pode treinar em um dia os exercícios da ficha 1 e em outro dia a ficha 2. Nesse ponto, comece a avaliar sua necessidade: mais alongamento, mais trabalho muscular ou ambos equilibrados.

Dessa forma, vai conhecendo melhor seu corpo e, com o tempo, pode criar suas próprias listas.

A última coluna da tabela é um espaço livre para as suas observações.

.... **Para recordar:** ....

— FICHA 1 —
Alongamentos/mobilizações

☀	Trazer uma perna ao abdome e pressionar a outra perna no chão. 20T com cada perna, 2 vezes.	
☀	Alongamento da região posterior do joelho. 20T com cada perna, 2 vezes.	
☀	Mobilizar as escápulas. 10 vezes com cada braço e 10 vezes com os dois braços juntos.	
☀	Pressionar os joelhos contra o abdome por 10X e manter 10T na última vez.	
☀	Massagear a região lombar, levando os membros inferiores para os lados. 20 vezes.	
☀	Mobilizar quadril, inclinação pélvica. 20T, 2S.	
☀	Alongamento de toda a coluna. Mantenha por 10T, 2S.	

— FICHA 2 —
Trabalho muscular

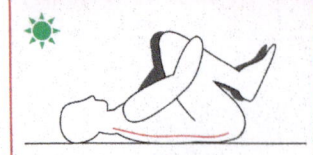 ☀	Pressionar os joelhos contra o abdome (na ficha 1). 10X + 10T, 2S.	
	Alongamento da região posterior do joelho. 10X + 10T, 2S.	
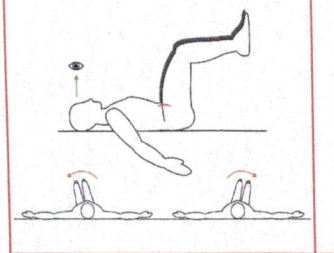	Banquinho, C/L/L/C. 10T, 3S. ☀ **Grupo especial** Mantenha os membros inferiores próximo do abdome.	
☀	Ponte. 10T, 5S.	
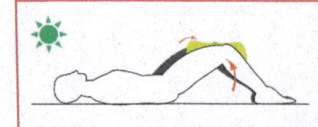 ☀	Apertar almofada. 10X + 10T, 3S.	
☀	Afastar joelhos. 10X + 10T, 3S.	
☀	Alongamento de toda a coluna. Mantenha por 10T, 2S.	

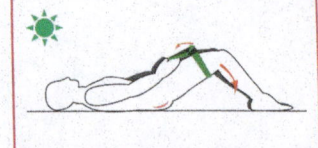

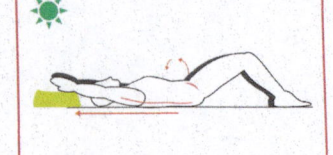

AVALIANDO O BLOCO 1

Data final: _____

Realização das metas principais:

_____
_____
_____
_____
_____
_____
_____
_____

Realização das metas secundárias:

_____
_____
_____
_____
_____
_____
_____
_____

Satisfação com o aproveitamento: ① ② ③ ④ ⑤

Posso melhorar:

_____
_____
_____
_____
_____
_____
_____

Observações gerais: (Mudanças do padrão: sono, apetite, humor etc./ dores, medicações/outros sintomas)

_____
_____
_____
_____
_____
_____
_____
_____

Mesmo que seu desempenho não tenha atendido à sua expectativa, não desista!

Exercitar-se é um hábito que precisa ser introduzido na nossa rotina, e isso pode levar tempo.

BLOCO 2

MEU PROGRAMA
— BLOCO 2 —

Data de início: _____

Metas principais do Bloco 2:
_____
_____
_____
_____
_____
_____

Metas secundárias:
_____
_____
_____
_____
_____
_____

Nível de motivação: ① ② ③ ④ ⑤

SEMANA 5:

	Segunda	Terça	Quarta	Quinta	Sexta	Sábado	Domingo
Exercícios do diário							
Exercícios aeróbicos							

SEMANA 6:

	Segunda	Terça	Quarta	Quinta	Sexta	Sábado	Domingo
Exercícios do diário							
Exercícios aeróbicos							

SEMANA 7:

	Segunda	Terça	Quarta	Quinta	Sexta	Sábado	Domingo
Exercícios do diário							
Exercícios aeróbicos							

SEMANA 8:

	Segunda	Terça	Quarta	Quinta	Sexta	Sábado	Domingo
Exercícios do diário							
Exercícios aeróbicos							

– SEMANA 5 –
A posição sentada com as pernas para a frente e o trabalho com o abdome

Observações importantes para a prática de exercícios na posição sentada com os **membros inferiores apoiados**

Em uma superfície firme e plana, sente-se com as pernas para a frente do corpo, joelhos flexionados o quanto for necessário para permitir que a coluna vertebral fique alongada, cabeça no topo do alinhamento da coluna e olhando para a frente.

Nessa posição, o objetivo não é o alongamento da parte posterior do joelho, mas o alongamento total da coluna.

Na figura a seguir, observe o alinhamento de: cabeça, escápulas, sacro.

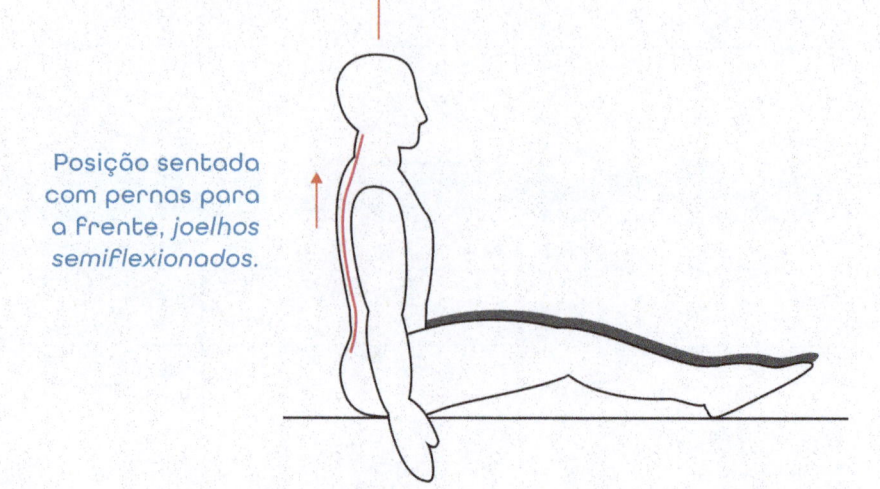

Posição sentada com pernas para a frente, *joelhos semiflexionados.*

Prática da semana 5: Alongamento da coluna vertebral sentado e trabalho do abdome

Deite-se em DD, com os joelhos estendidos. Observe o alinhamento de seu corpo, se necessário, faça correções em sua posição. Respire algumas vezes lentamente e prepare-se para seus exercícios.

Flexione os joelhos e apoie os pés no chão.

Exercício 1 – Alongamento da região lombar (= semana 1)

- Traga os joelhos ao abdome, insista com o movimento de puxar e relaxar, faça 10X + 10T, 2S.

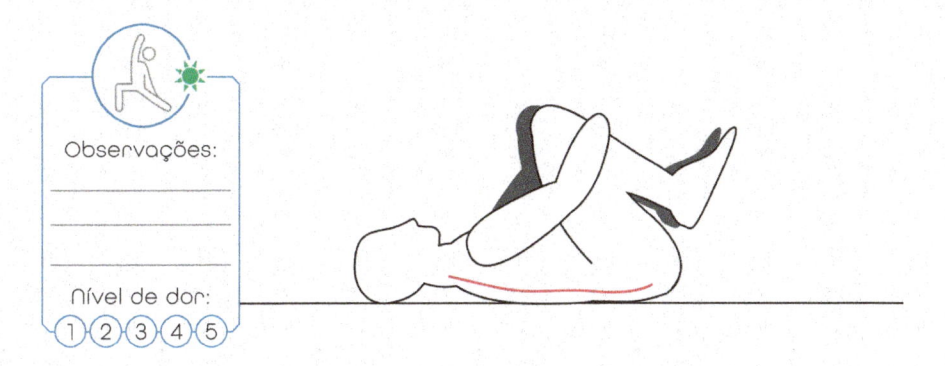

Observações:

Nível de dor: 1 2 3 4 5

Exercício 2 – Alongamento dos músculos posteriores do joelho (= semana 1)

- Mantenha a posição de alongamento por 20T com cada perna, 2S.

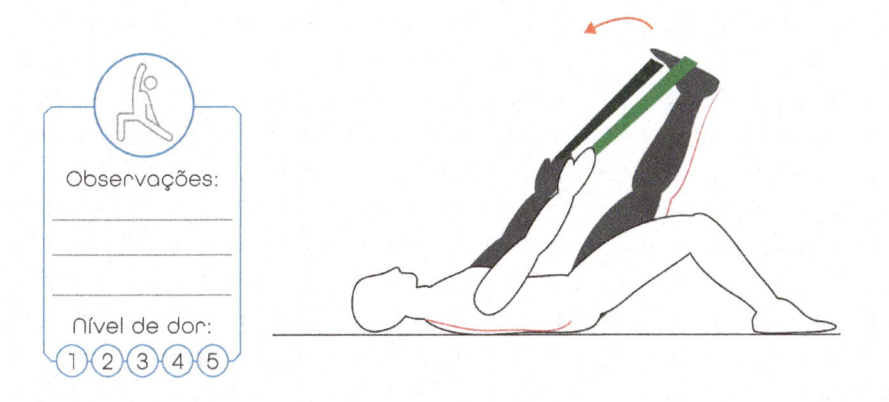

Observações:

Nível de dor: 1 2 3 4 5

Exercício 3 — Mobilização das escápulas com os braços para o teto (= semana 2)

- Em DD, com joelhos flexionados, os pés apoiados e a região lombar próxima do chão.
- Alongue 10 vezes com cada braço e 10 vezes com os dois braços juntos.

Observações:

Nível de dor: ① ② ③ ④ ⑤

Exercício 4 — Alongamento e mobilização das escápulas com braços abertos em cruz

- Em DD, joelhos flexionados, pés apoiados e a região lombar próxima ao chão.
- Abra os braços em cruz.
- Cruze o braço D na frente do corpo.
- Segure no braço E o mais distante que você conseguir e a cabeça acompanhará o movimento do braço, virando para a esquerda. Mantenha essa posição por 10T.
- Em seguida, leve a mão direita um pouco mais longe e segure, novamente, o braço E. Mantenha por 10T.
- Retorne com o braço D aberto em cruz e a cabeça voltando para o centro. Relaxe.
- Repita o alongamento para o outro lado. Faça 2S.

Observações:

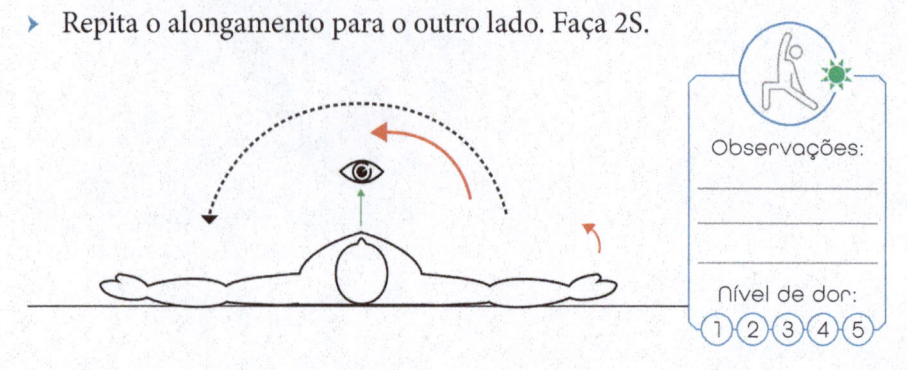

Nível de dor: ① ② ③ ④ ⑤

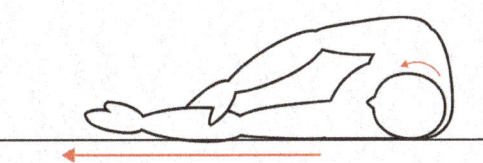

Exercício 5 — Alongamento de toda a coluna na posição sentada com as pernas para a frente

- Sente-se com as pernas para a frente, joelhos semiflexionados e a coluna alongada.
- Flexione, lentamente, o tronco em direção às pernas.
- Segure o mais distante que conseguir nas suas pernas ou nos seus pés e, dessa forma, sua coluna se alongará em flexão. Relaxe a cabeça e mantenha a posição por 20T.
- Retorne lentamente desenrolando a coluna até chegar à posição vertical, cabeça no topo, e olhe para a frente.
- Repita mais uma vez o exercício.

> **Atenção:**
> Mantenha a flexão dos joelhos durante todo o exercício.

- Deite-se em DD, com os joelhos flexionados e os pés apoiados.

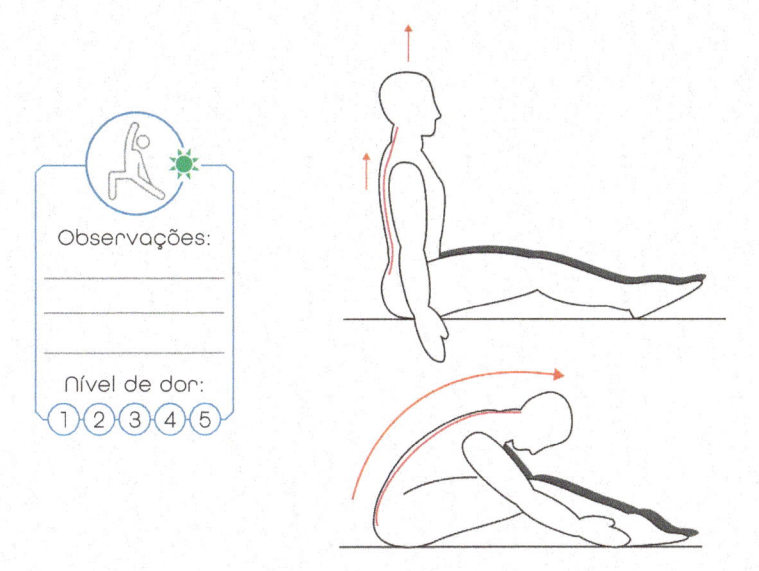

Observações:
_____
_____
_____

Nível de dor:
① ② ③ ④ ⑤

Exercício 6 – Exercício da bicicleta, trabalho com o abdome

‣ Traga os joelhos ao abdome.
‣ Estenda uma perna, direcionando o pé para o teto. Se a musculatura estiver muito encurtada, mantenha o joelho levemente flexionado.
‣ Faça movimentos de flexionar/estender as pernas, alternadamente, como se estivesse pedalando uma bicicleta para cima.
‣ Faça o movimento lentamente.
‣ Pedale lentamente.

Observações:
_____
_____
_____

Nível de dor:
① ② ③ ④ ⑤

Atenção:

Se você encontrar dificuldade em manter as pernas para cima, insista no exercício do alongamento posterior do joelho com a faixa elástica e pratique a bicicleta em outro momento. Você pode optar por fazer a sugestão do grupo especial.

Não faça esse exercício com as pernas mais para baixo que o sugerido, pois correrá o risco de lesionar a região lombar.

☀ Grupo especial

Substitua o exercício 6 pelo treino da posição do quadril, com os joelhos em 3 alturas da semana 1. Mantenha por 20T cada posição e faça 2 vezes a sequência completa.

Lembre-se de fazer uma pequena contração na parte inferior do abdome para manter a cintura próximo do chão.

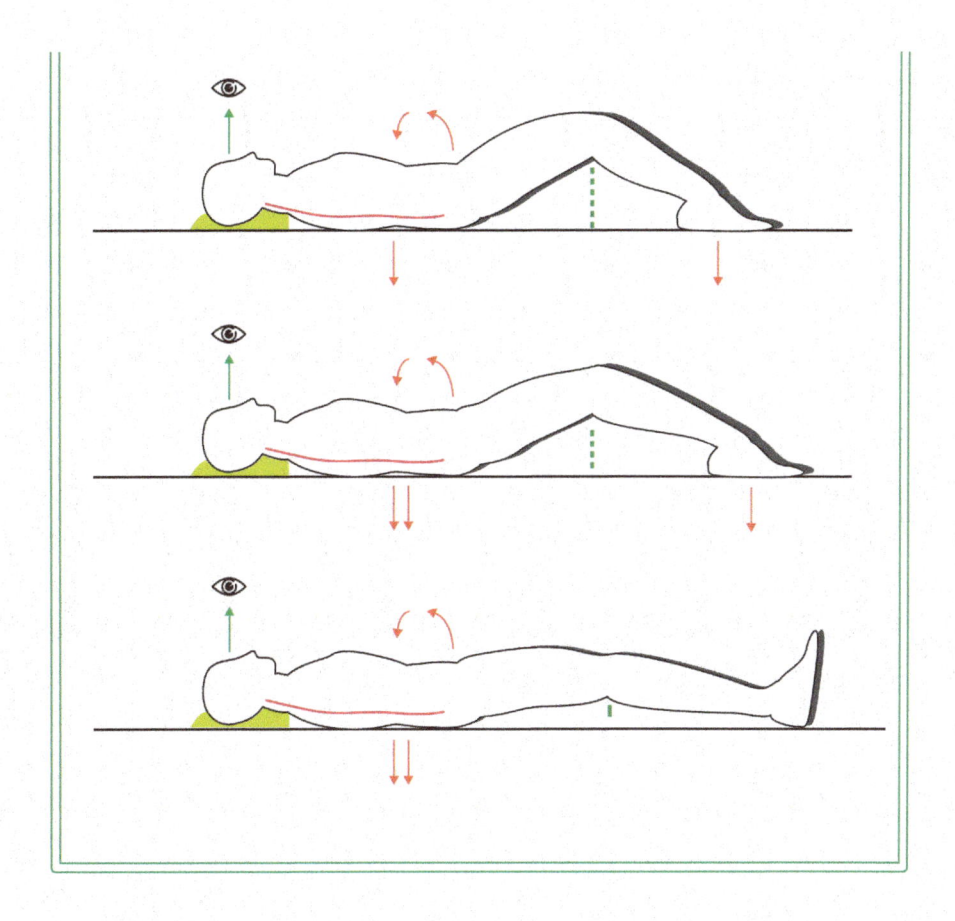

Exercício 7 – Exercício do banquinho (= semana 2)

- Em DD, com os joelhos dobrados e os pés apoiados.
- Eleve os membros inferiores e os mantenha no centro/lado/centro/lado/centro, permaneça por 10T em cada posição, repita 2S.

Atenção:

Não se esqueça de controlar os joelhos e a altura dos pés conforme a sua necessidade. É importante não compensar com outras regiões para manter a posição. Trabalhe apenas com o abdome.

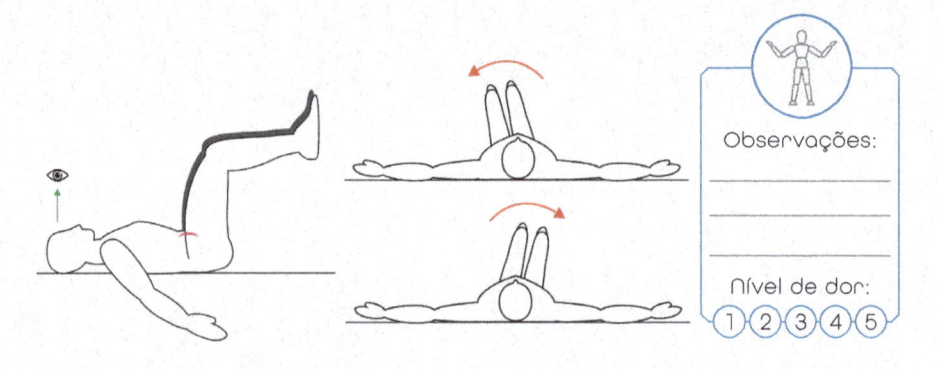

Observações:
_____
_____

Nível de dor:
① ② ③ ④ ⑤

☀ Grupo especial

Mantenha os joelhos flexionados e as pernas junto ao abdome.

Mantenha os membros inferiores no centro/lado/centro/lado/centro, por 10T em cada posição. Repita 2S.

Observações:
_____
_____

Nível de dor:
① ② ③ ④ ⑤

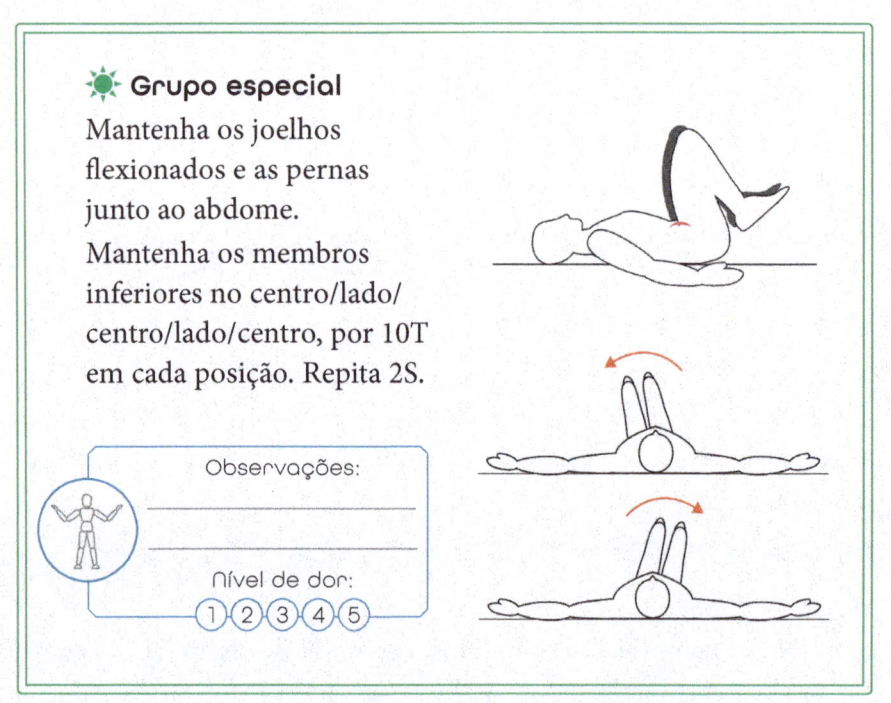

Exercício 8 – Exercício da ponte, trabalho dos glúteos (= semana 3)

- Em DD, com os joelhos flexionados e os pés apoiados.
- Leve a região lombar (cintura) em direção ao chão.
- Eleve lentamente o quadril e a cintura do chão.
- Mantenha a elevação por 10T.
- Desça o quadril e relaxe.
- Repita toda a sequência 5 vezes.

▸ Lembre-se de elevar somente o quadril e a região lombar. A parte alta do tórax permanece no chão.

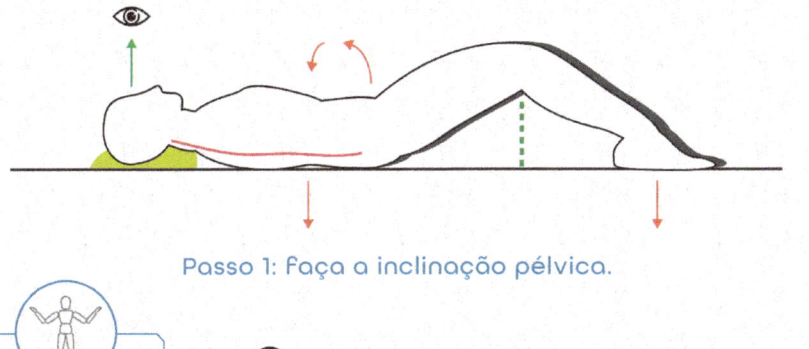

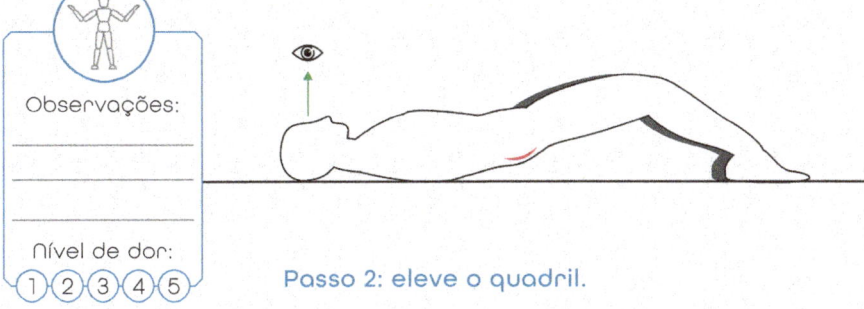

Passo 1: Faça a inclinação pélvica.

Observações:
_____
_____

Nível de dor:
① ② ③ ④ ⑤

Passo 2: eleve o quadril.

Exercício 9 — Alongamento de toda a coluna com os joelhos no abdome (= semana 2)

▸ Mantenha o alongamento por 20T.
▸ Lembre-se de descer e apoiar um pé de cada vez no chão, para proteger a sua coluna lombar.

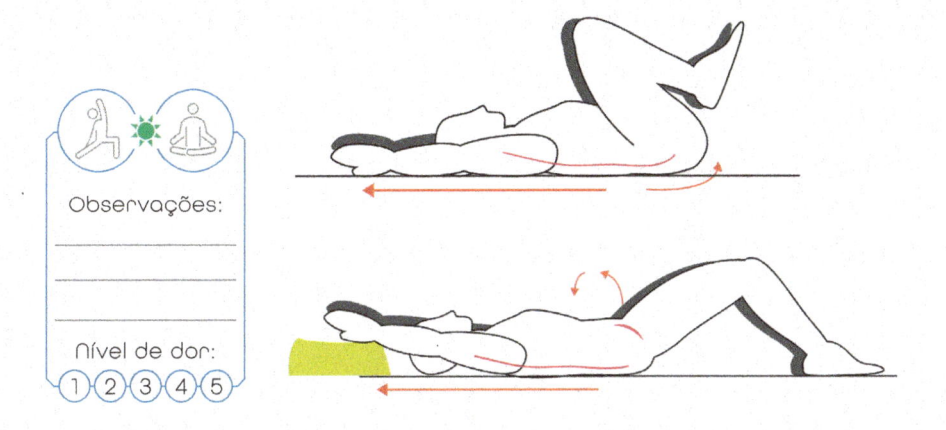

Observações:
_____
_____

Nível de dor:
① ② ③ ④ ⑤

- ▸ Finalize em posição de relaxamento.
- ▸ Nesse momento, observe-se e compare suas sensações iniciais e finais.

Aproveite para respirar lenta e profundamente. Durante a respiração:

- ▸ Leve suas mãos sobre o tórax, uma de cada lado, e sinta o movimento das costelas durante duas respirações profundas.
- ▸ Desça suas mãos logo abaixo do tórax, no início do abdome, e perceba o movimento respiratório durante duas respirações profundas.
- ▸ Agora posicione suas mãos na parte inferior do abdome, região pélvica, e perceba o movimento novamente.
- ▸ Para finalizar, respire livremente percebendo a onda respiratória nas três regiões tocadas. Em seguida, alongue-se, espreguice-se e levante-se lentamente.

Você encontrará sugestões de relaxamento e consciência da respiração ao final dos blocos. Este é um momento oportuno para ver essas seções.

Boa prática!

VOCÊ APRENDEU NESTA SEMANA:

» O alongamento da coluna vertebral em flexão, na posição sentada.
» Mobilização das escápulas com os braços abertos em cruz.
» Trabalho do abdome com o exercício da bicicleta.

Observações da semana:

– SEMANA 6 –
Orientações e exercícios para a posição sentada na cadeira, trabalho com o abdome e a região lateral da coxa

Observações importantes para a prática de exercícios em posição sentada

A posição sentada é basicamente uma mudança sobre o eixo do quadril.

Ao sentar-se, o quadril faz um giro e torna-se o receptor do peso do tronco, dos membros superiores e da cabeça.

A partir do quadril, toda a coluna vertebral se empilha. Quadril e coluna, juntos, oferecem o suporte aos movimentos dos braços e da cabeça.

O bom posicionamento dessas estruturas determina uma postura mais equilibrada, com menos tensões e, portanto, diminuição da possibilidade de lesões.

O quadril é formado por dois componentes ósseos iguais, um de cada lado, unidos pelo osso sacro (azul) posteriormente. É a região de conexão com a coluna vertebral e com os membros inferiores.

Cada componente é formado por três ossos:

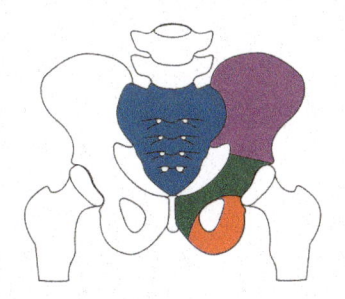

> Ílio (roxo).
> Púbis (verde).
> Ísquio (laranja).

Observe no próximo desenho a vista lateral desse componente formado pelo ílio, ísquio e púbis, quando sentamos.

Ao sentarmos, apoiamo-nos sobre as pontas dos ísquios direito e esquerdo.

Como localizar essa região para sentarmos corretamente?

Sentando-se em uma superfície dura e movimentando o quadril para a frente e para atrás (como nos exercícios em DD), você poderá perceber as saliências dos ísquios direito e esquerdo.

Observe, durante o movimento, que passará por um ponto mais proeminente. *Esse é o ponto onde deve sentar-se.*

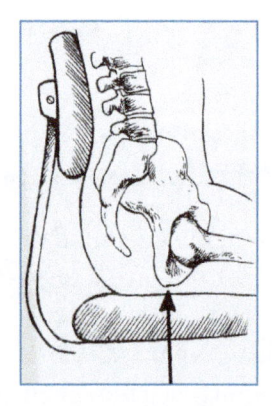

Fonte: Brandimiller, 2008, p. 61.

Se estiver sentado sobre os ísquios e levar sua mão à região lombar, vai sentir que não estará em hiperlordose, nem proeminente para atrás, mas em posição de equilíbrio (que corresponde à posição inicial dos exercícios em DD).

Como em DD existe um pequeno trabalho da região inferior do abdome, poderá sentir levando sua mão abaixo do umbigo.

Essa é a posição de referência para quando você estiver sentado: posicionar-se "sentado sobre os ísquios"; o quadril levará a região lombar e toda a coluna vertebral para o eixo de equilíbrio, com a cabeça corretamente apoiada ao final do empilhamento.

Esses conceitos serão muito importantes para a realização correta dos exercícios na posição sentada. Observe o alinhamento.

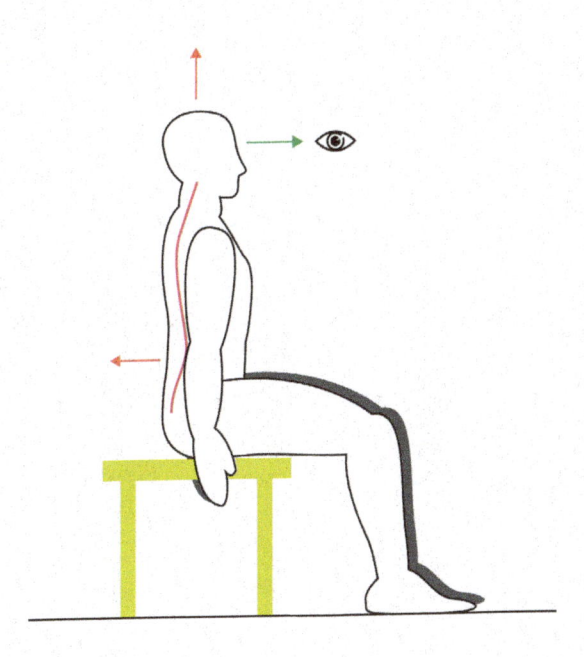

Prática da semana 6: Trabalho com abdome (regiões superior e inferior), trabalho com os músculos abdutores e adutores e exercícios na posição sentada

- Prepare-se para iniciar uma nova série de exercícios. A partir desta semana, você vai praticar uma série adicional, que poderá ser feita em qualquer momento do dia.
- Deite-se em DD, com os joelhos estendidos, e inicie o diálogo com seu corpo: as sensações presentes e a procura por um bom alinhamento.
- Em seguida, flexione os joelhos e apoie os pés.

Exercício 1 — Alongamento da região lombar (= semana 1)

- Abrace os joelhos, e insista em direção ao abdome, em movimentos suaves e repetidos 10X + 10T. Faça 2S.

Exercício 2 – Alongamento de toda a coluna (= semana 1)

▸ Em DD, com os joelhos dobrados, os pés apoiados e a cintura próxima do chão.
▸ Alongue-se com os braços ao lado da cabeça. Mantenha por 20T.

Exercício 3 – Alongamento da região das escápulas, com os braços abertos em cruz (= semana 5)

▸ Cruze o braço D em direção ao braço E; a cabeça acompanha o movimento para a E, e segure no braço E o mais distante que conseguir. Mantenha por 20T.
▸ Segure o braço E um pouco mais distante. Mantenha por 20T e relaxe. Retorne com o braço D, juntamente com a cabeça.
▸ Repita para o outro lado. Faça 2 vezes para cada lado.

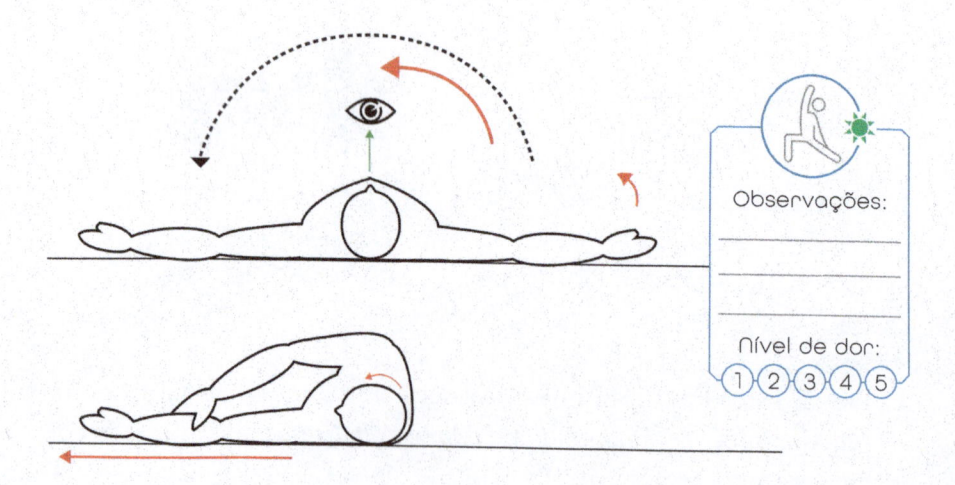

Observações:
_____
_____
_____

Nível de dor: ① ② ③ ④ ⑤

Exercício 4 – Exercício da ponte, trabalho com os glúteos e os músculos adutores

▸ Em DD, com os joelhos flexionados e os pés apoiados.
▸ Prepare-se para o exercício da ponte.
▸ Coloque uma almofada ou uma bolinha entre os joelhos.
▸ Leve a cintura em direção ao chão.
▸ Pressione a almofada com os joelhos, mantenha a contração e, ao mesmo tempo, eleve lentamente o quadril; mantenha a elevação/pressão por 10T.

- Desça o quadril e descanse.
- Repita 5S.

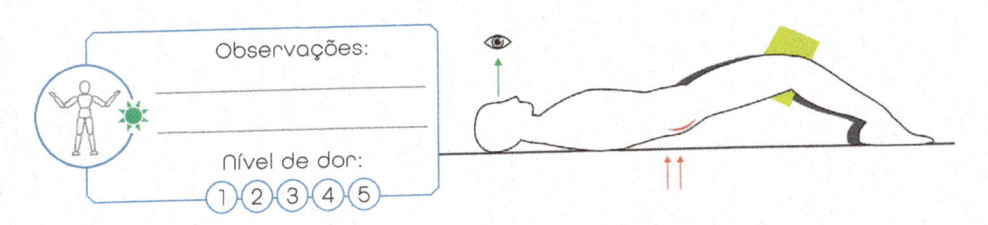

Observações:
_____
_____

Nível de dor:
① ② ③ ④ ⑤

Exercício 5 – Trabalho da região externa do quadril (= semana 1)

- Em DD, com os joelhos flexionados, os pés apoiados, cintura próxima ao chão.
- Coloque a faixa elástica logo acima dos joelhos.
- Faça o movimento de afastar os joelhos e voltar, 10X + 10T, 3S.

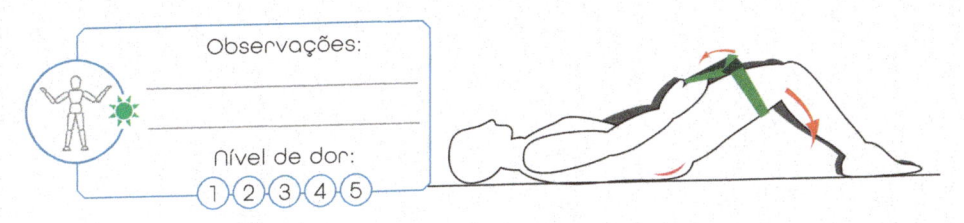

Observações:
_____
_____

Nível de dor:
① ② ③ ④ ⑤

Exercício 6 – Trabalho do abdome partindo da posição sentada

- Passo 1: em posição sentada com membros inferiores para a frente, joelhos semiflexionados.
- Passo 2: inspire e, expirando, flexione o tronco em direção às pernas (mantenha a flexão dos joelhos); pode segurá-las e manter o alongamento da coluna em flexão por 10T (= semana 5).
- Passo 3: volte ao centro desenrolando a coluna, alongando o tronco, cabeça no topo do alinhamento, e olhe para a frente, braços relaxados ao lado do corpo; mantenha por 10T.
- Passo 4: inspire e, expirando, faça uma inclinação do tronco para trás, até no máximo 45° em relação ao centro. Sinta o trabalho com o abdome também em sua porção mais superior; mantenha por 10T.
- Passo 5: retorne o tronco ao centro e relaxe nessa posição.
- Faça 2 sequências completas: centro/frente/centro/atrás/centro.

Atenção:

» Introduzimos a respiração: inspire no centro e expire realizando o movimento de flexão para a frente e de inclinação para trás. Nos outros momentos respire normalmente. Tenha cuidado para não prender a respiração durante o trabalho abdominal.

» A inclinação para trás é pequena. O ponto correto é aquele em que você sente o trabalho com o abdome e controla o quadril, evitando, assim, uma hiperlordose.

» O exercício perderá seu benefício se tensionar o pescoço e/ou os ombros.

» Não ultrapasse o ponto de 45° de inclinação para trás.

☀ Grupo especial

Faça o exercício com movimentos pequenos de inclinação para trás.

Passo 1

Passo 2

Passo 3

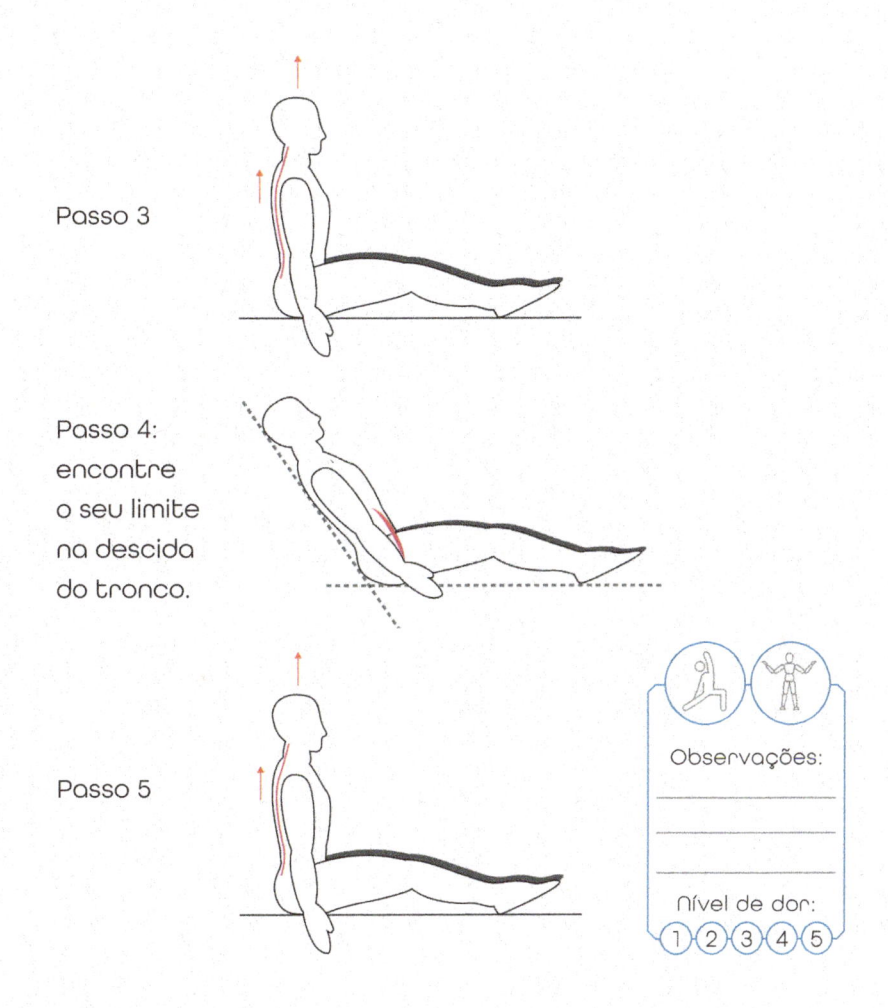

Passo 4: encontre o seu limite na descida do tronco.

Passo 5

Observações:
_____
_____
_____
Nível de dor:
① ② ③ ④ ⑤

Retorne à posição em DD, descanse por um momento.

Depois, flexione os joelhos, apoie os pés e posicione a região lombar próximo ao chão.

Exercício 7 — Alongamento dos músculos posteriores do joelho (= semana 1)

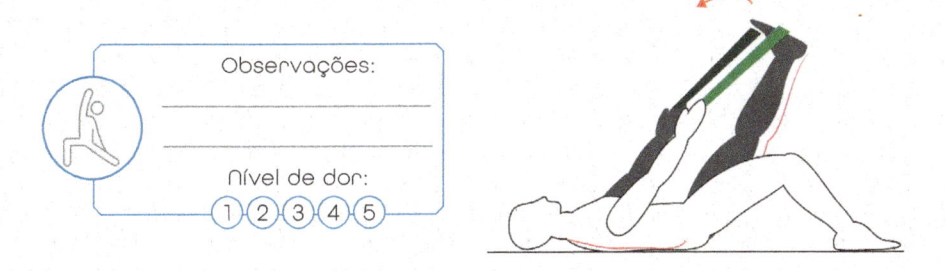

Observações:
_____
_____
Nível de dor:
① ② ③ ④ ⑤

▸ Mantenha a posição de alongamento por 20T, faça 3 vezes.

Exercício 8 — Exercício da bicicleta, trabalho da região abdominal

▸ Mesma posição do exercício anterior.
▸ Traga os joelhos ao abdome, levante uma perna em direção ao teto e faça o movimento flexionar/estender os joelhos, alternadamente.
▸ Faça 10 vezes, 3S.

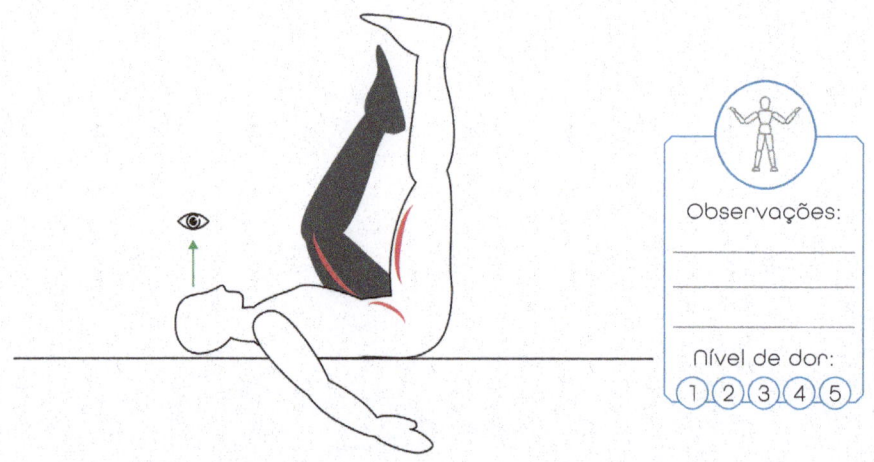

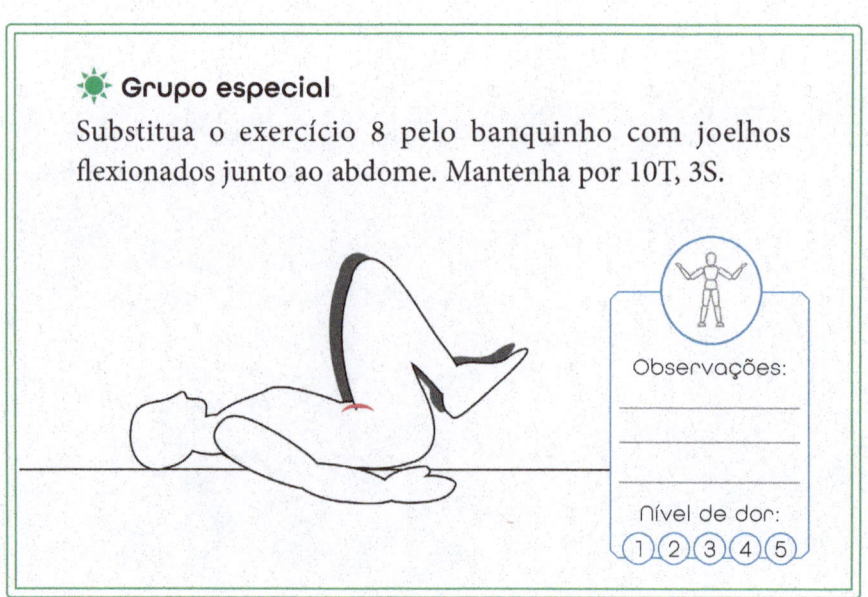

Observações:
_____
_____

Nível de dor:
① ② ③ ④ ⑤

☀ **Grupo especial**

Substitua o exercício 8 pelo banquinho com joelhos flexionados junto ao abdome. Mantenha por 10T, 3S.

Observações:
_____
_____

Nível de dor:
① ② ③ ④ ⑤

Exercício 9 – Alongamento de toda a coluna, no centro e nas laterais

- Posicione-se exatamente como no exercício da semana 1.
- Entrelace as mãos no eixo central do corpo, inspire e alongue-se, tracionando todo o tronco, sem perder o contato da região lombar com o chão. Mantenha por 10T e relaxe.
- Segure o braço E com sua mão D, inspire e tracione seu tronco levemente para a D, alongando a lateral. Mantenha por 10T, retorne ao centro lentamente e relaxe.
- Segure o braço D com sua mão E, inspire e tracione seu tronco levemente para a E, alongando toda a lateral. Mantenha por 10T, retorne ao centro lentamente e relaxe.

Atenção:
» A mão que segura conduz o movimento para o seu lado.
» A inclinação é uma diagonal, não uma curva.
» Olhe para o teto durante todo o exercício.

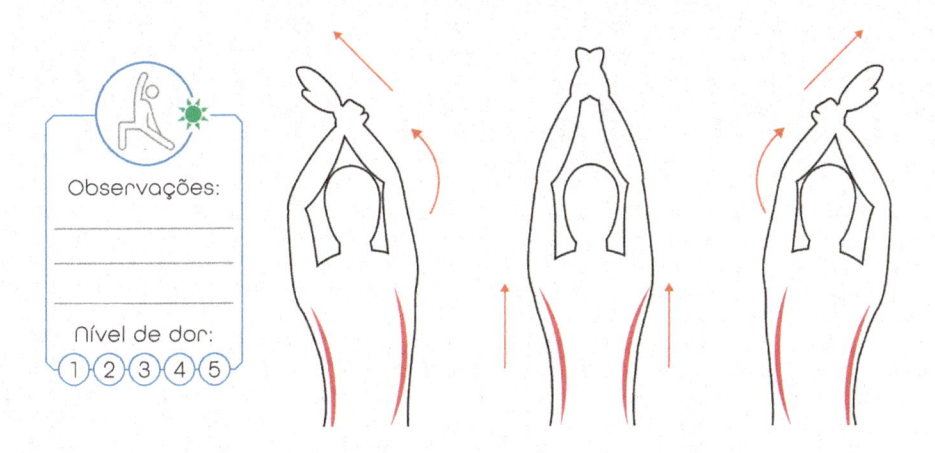

Observações:
_____
_____
_____

Nível de dor:
1 2 3 4 5

> ☀ **Grupo especial**
> Caso sinta dificuldade com a posição dos braços para cima, mantenha os braços ao lado do corpo. Alongue sua coluna no centro, a partir da correção da região lombar. Mantenha por 10T. Faça uma pequena inclinação para o lado D com o tronco e a cabeça, sempre olhando para a frente. Mantenha por 10T. Nesse momento, aproveite para direcionar a respiração para o lado E de seu tronco. Retorne ao centro. Repita o movimento para o lado E. Finalmente, relaxe retornando ao centro.

▸ Finalize sua série em posição de relaxamento. Respire lenta e profundamente. Permaneça em contato com seu corpo e registre suas sensações. Prepare-se para levantar.
▸ Retorne lentamente às suas atividades.

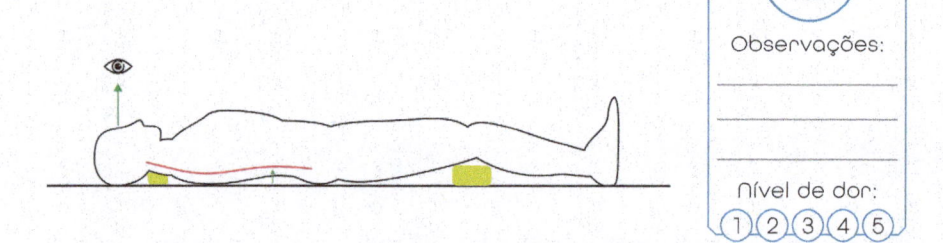

Observações:
_____
_____
_____
Nível de dor:
① ② ③ ④ ⑤

A partir desta semana você terá a opção de praticar exercícios em posição sentada. Poderá fazê-los junto da série ou encaixá-los em outro momento de seu dia.

Pratique durante uma pausa, principalmente se estiver sentado por mais de uma hora.

▸ Sentado, pés totalmente apoiados no chão, joelhos flexionados em ângulo reto com o quadril e as pernas.
▸ Procure o ponto dos ísquios e apoie-se sobre eles. Lembre-se de que é o ponto mais proeminente, quando você movimenta o quadril para a frente e para trás. Nessa posição a região lombar ficará alongada. Se necessário, leve sua mão na região e sinta uma curvatura suave.

▸ A partir do posicionamento lombar, empilhe-se e deixe a cabeça apoiada ao final. Resista à tentação de levar os ombros para trás durante esse empilhamento. *Os ombros e os braços permanecerão relaxados.*

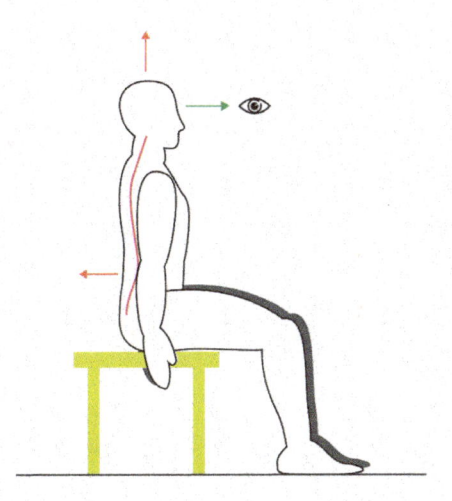

> **Atenção:**
> Se a cadeira ou o banco forem altos, você pode colocar um apoio sob seus pés. É importante que mantenha as coxas paralelas ao chão. Além disso, você deve olhar sempre para a frente como em DD.

Exercício 1 – Mobilização das escápulas

▸ É o mesmo exercício da semana 3 em DD, mas agora será feito no banco ou cadeira.
▸ Eleve os braços para a frente, na altura dos ombros. Faça o movimento de alongamento, como se quisesse alcançar um objeto muito distante (movimento de vai/volta). Nesse movimento, as escápulas se afastam da coluna.
▸ Faça o movimento alternando braço D e braço E, 10 vezes. Relaxe os braços ao lado do corpo. Repita mais 1S.

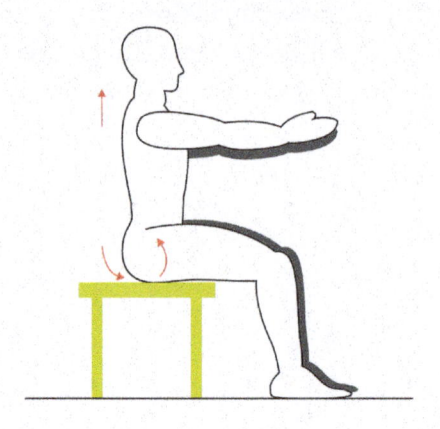

Exercício 2 – Alongamento da região lombar

- Com a coluna alongada, traga um joelho ao abdome.
- Abrace o joelho e segure junto do abdome por 10T, relaxe. Repita mais 1 vez.
- Faça 2 vezes com cada perna.

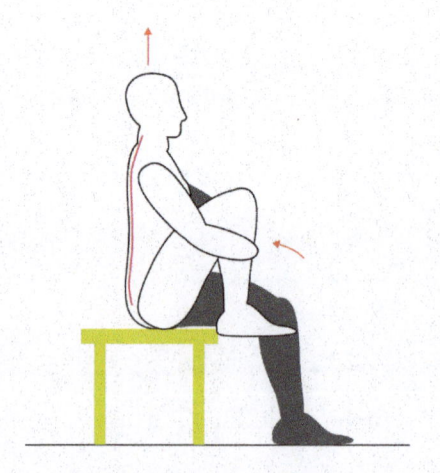

Exercício 3 – Alongamento de toda a coluna

- Passo 1: sente-se, sobre a região dos ísquios. Lembre-se de manter a região lombar alongada, fazendo uma pequena contração no abdome.
- Passo 2: eleve os braços ao lado da cabeça e alongue-se, como se quisesse tocar o teto com a ponta dos dedos das mãos. Mantenha o alongamento por 10T.

- Passo 3: em seguida, flexione o tronco sobre as pernas e relaxe a cabeça e os braços em direção ao chão. Mantenha o relaxamento por 10T.
- Passo 4: suba lentamente desenrolando a coluna de baixo para cima. A cabeça chega ao final e pousa sem pressão sobre a coluna vertebral. Certifique-se de que seu olhar está direcionado para a frente.

> **Atenção:**
> No momento de alongamento dos braços para o teto, mantenha o quadril na mesma posição inicial, sem sair dos ísquios.

> **☀ Grupo especial**
> Se estiver com dificuldade para elevar os braços ao lado da cabeça, alongue a coluna com os braços ao lado do corpo (passo 1). Flexione o tronco lentamente (passo 3) e relaxe por 10T. Suba empilhando a coluna, primeiro a parte inferior do tronco, depois o tórax e os ombros e, por último, a cabeça.

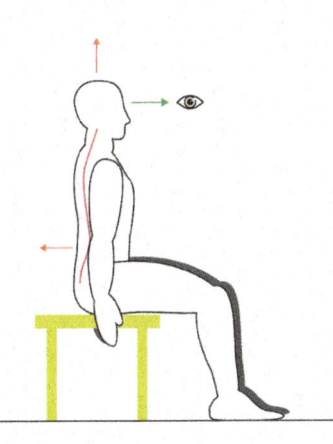

Passo 1

Passo 2

Passo 3   Passo 4

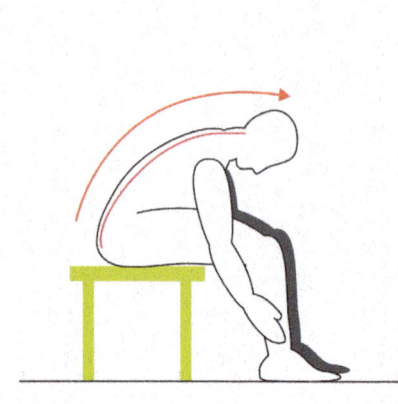

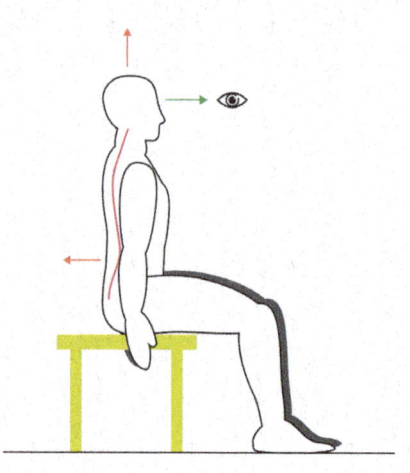

Ao final, observe seu corpo, movimente lentamente a cabeça para os lados e prepare-se para retornar às suas atividades.

VOCÊ APRENDEU NESTA SEMANA:

» Exercícios para o abdome, partindo da posição sentada com as pernas apoiadas.
» Alongamento de toda a coluna no centro e em diagonal.
» Posicionar-se corretamente sentado.
» Exercícios sentado no banco ou cadeira.

Observações da semana:

– SEMANA 7 –
Orientações e exercícios para a pelve feminina, a posição da tartaruga e exercícios em posição sentada na cadeira

Observações importantes para a **pelve feminina**

O assoalho pélvico feminino merece considerações especiais, em virtude de suas múltiplas e importantes funções locais, bem como para o equilíbrio e a estabilidade da coluna vertebral.

A pelve se compõe das estruturas ósseas do quadril, que servirão de apoio para a inserção e trabalho dos músculos do assoalho pélvico, conhecido também como períneo. Os dois componentes ósseos do quadril, formados pelos ossos ílios, ísquios e púbis, são unidos pelo osso sacro posteriormente e, juntos, compõem a forma de um anel.

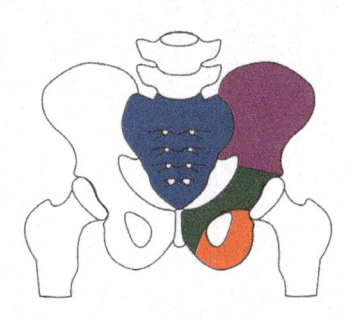

Na parte inferior do quadril (assoalho pélvico), encontra-se a musculatura em forma de cúpula, que reveste a região e é perfurada por três orifícios: a uretra, a vagina e o ânus.

Sendo assim, esse é um local de passagem e também de sustentação parcial do tronco. Esses dois papéis são muito diferentes:

› Coordenação sensorial e motora intermitente para efetuar as passagens urinária, vaginal e intestinal, com uma grande elasticidade para deixar que elas ocorram. Lembre-se da fundamental importância dessa região no momento do parto!
› Grande força, para assegurar a sustentação.

Lembre-se:

A musculatura abdominal inferior, a musculatura flexível e firme da região lombar, a musculatura do assoalho pélvico e o diafragma determinam o bom funcionamento dos órgãos (funções: intestinal, urinária e sexual) e o equilíbrio adequado da região lombar, prevenindo dores e/ou alterações degenerativas das vértebras lombares.

Em todo treinamento, para cada uma dessas regiões, é necessário considerar a repercussão na região vizinha e, portanto, buscar um trabalho global que promova o bom funcionamento de todas as estruturas.

Por exemplo, exercícios abdominais mais intensos vão aumentar a pressão intra-abdominal e, portanto, exercer pressão sobre a coluna e o assoalho pélvico. No momento da execução desses exercícios, é importante que essas estruturas sejam capazes de conter e equilibrar esse esforço, sob o risco de serem lesionadas se submetidas a um esforço que não estão aptas a realizar.

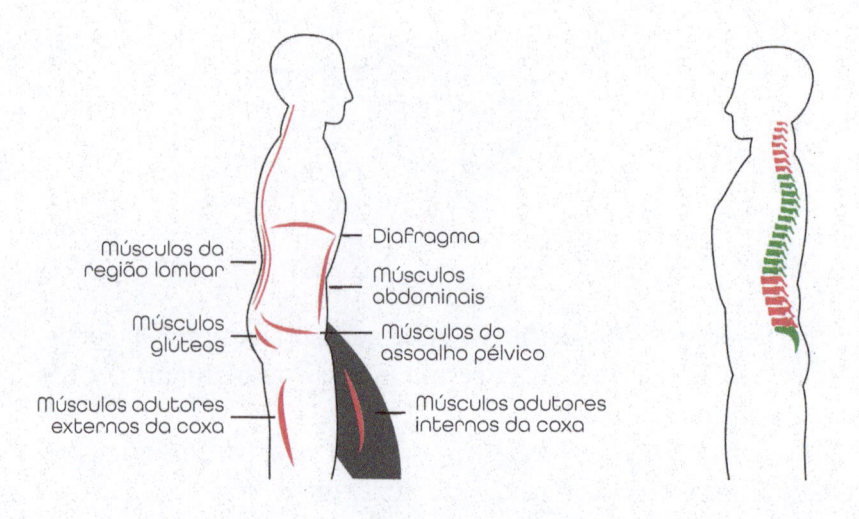

O períneo feminino difere em parte do períneo masculino, pois essa região é a sede dos órgãos sexuais, que, em sua maioria, são externos no homem e internos na mulher. No entanto, os músculos são muito semelhantes.

A mulher necessita de uma atenção especial nessa região, por estar envolvida em muitos problemas na vida reprodutiva e pós-reprodutiva feminina, causando: disfunções sexuais, incontinência urinária, dificuldades no parto, dores lombares crônicas etc.

Observando a musculatura do assoalho pélvico, encontraremos duas camadas:

1. **Superficial:** seus músculos formam uma espécie de "oito", cruzando o períneo na região chamada de centro tendíneo do períneo, e respondem ao controle do relaxamento (abertura) e fechamento dos esfíncteres do ânus e da uretra.
2. **Profunda:** em forma de cúpula, essa camada sustenta os órgãos internos. Como se opõe ao diafragma, é chamada de "diafragma pélvico" e responde às variações de pressão do abdome.

Praticando exercícios simples você sentirá os benefícios para as funções normais da região.

Sentada em um banco ou cadeira firme, procure os ísquios, alinhe a coluna vertebral e mantenha os pés apoiados.

Exercício 1 – Trabalhando a musculatura da camada superficial

Concentre-se na região do assoalho pélvico; perceba a distância do púbis, à frente, até o cóccix, atrás, sendo este situado ao final da coluna (abaixo do osso sacro). Lembre-se dessa musculatura em forma de oito unindo esses dois pontos. Imagine que você fará o movimento de aproximação do púbis ao cóccix e, então, contraia o períneo e aproxime esses dois pontos, conte por 3T e relaxe por 5T.

Repita 5 vezes. Faça lentamente o movimento, observando o tempo de contração e o tempo de repouso.

Exercício 2 – Trabalhando a musculatura profunda do períneo

Na mesma posição anterior, imagine que está olhando para dentro de seu corpo e observa logo acima da camada da musculatura superficial uma rede de fibras musculares em forma de cúpula. Experimente fazer a contração dessa cúpula para cima e perceberá que esse movimento traciona o ânus, aprofundando na pelve. Contraia, eleve o ânus e mantenha por 3T. Relaxe por 5T. Repita 5 vezes. Após as duas práticas, observe:

▸ Se a contração da musculatura do períneo está acontecendo com a contração de glúteos ou dos músculos adutores ou se você está prendendo a respiração. *Procure realizar o movimento isolado e, com a prática, irá aperfeiçoá-lo.*
▸ Se você está respeitando o tempo de relaxamento. Essa musculatura se fadiga facilmente. *Para uma contração efetiva é necessário, no mínimo, o mesmo tempo de relaxamento e contração.*

Atenção:
» Essa orientação não é um tratamento. Consulte profissionais de saúde especializados em presença de patologias, alterações de funcionamento e preparação para o parto.

A cada semana os exercícios para assoalho pélvico estarão assinalados separadamente. Você vai encontrar as informações necessárias para dar continuidade a esses exercícios.

Observações importantes sobre a **posição de tartaruga**

A posição de tartaruga promove o relaxamento e o alongamento da coluna vertebral.

Sente-se nos calcanhares, braços para a frente, tronco relaxado sobre as pernas.

Caso sinta desconforto na posição, ou se você tiver algum impedimento nos joelhos, utilize a posição alternativa sentada.

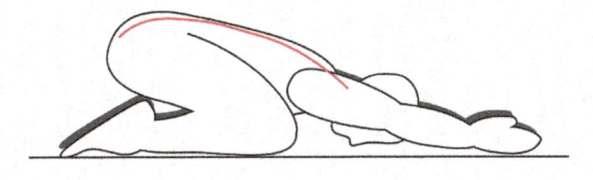

Ou:

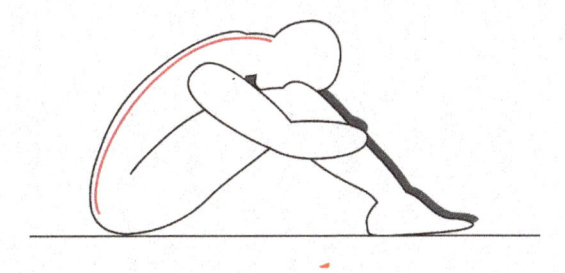

Relaxamento em posição de tartaruga: coloque um travesseiro ou uma almofada entre o tórax e as pernas, relaxe os braços ao lado do corpo e mantenha a cabeça apoiada no chão.

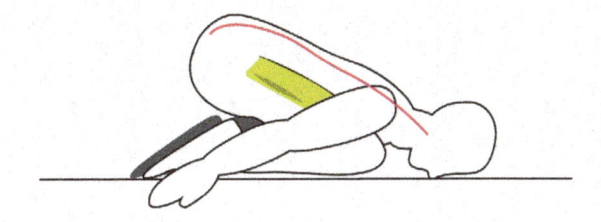

Prática da semana 7: Mobilização do quadril, trabalho dos músculos abdominais, glúteos, laterais da coxa e posição de tartaruga

Faça sua preparação para iniciar os exercícios. Deite-se em DD, joelhos estendidos, relaxe seu corpo no chão e aproveite o momento para a sua auto-observação.

Sentindo-se pronto, flexione os joelhos, apoie os pés e posicione a região lombar próximo ao chão.

Exercício 1 – Alongamento de toda a coluna (= semana 1)

‣ Mantenha o alongamento por 10T, faça 2 vezes.

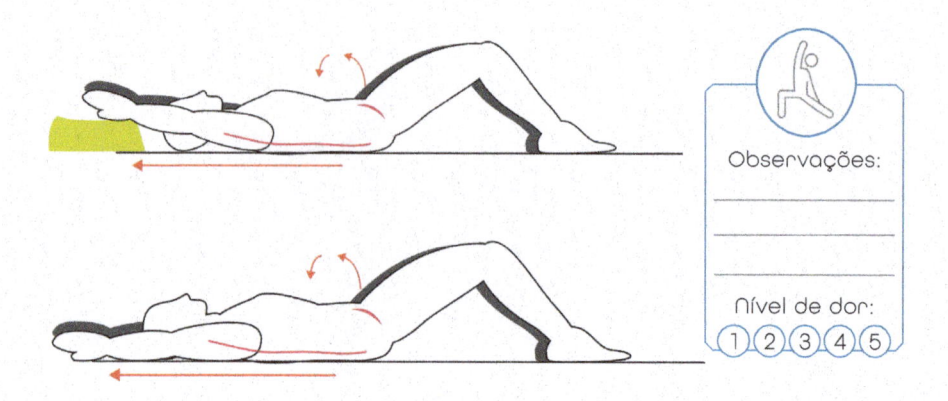

Observações:
_____
_____

Nível de dor:
① ② ③ ④ ⑤

Exercício 2 – Mobilização do quadril

‣ Recorde o movimento do quadril, levando a cintura em direção ao chão.
‣ Repita esse movimento lentamente, 10X + 10T.

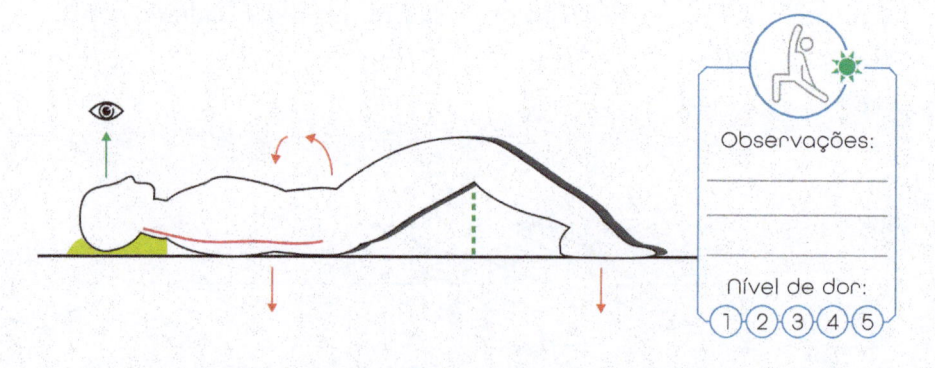

Observações:
_____
_____

Nível de dor:
① ② ③ ④ ⑤

> Lembre-se de que o quadril e a região lombar movimentam-se juntos: quando a região lombar é levada em direção ao chão, a lordose lombar diminui; quando a região lombar é distanciada do chão, a lordose lombar aumenta.

Exercício 3 – Mobilização do quadril lateralmente

▸ Em DD, com os joelhos flexionados e a cintura próxima ao chão.
▸ Movimente o quadril lateralmente para a D e para a E, assim, um lado do quadril se aproxima do chão enquanto o outro se distancia, semelhante ao movimento dos pratos de uma balança. Faça o movimento lateral por 10 vezes. Relaxe e repita mais 1S.
▸ Você perceberá melhor o movimento deixando suas mãos uma de cada lado de seu quadril.

Atenção:
Procure fazer os movimentos laterais lentamente. Em caso de dor lombar, faça com cuidado. Observe e registre se existe benefício com esse movimento sobre a intensidade de sua dor.

Observações: _____

Nível de dor: ① ② ③ ④ ⑤

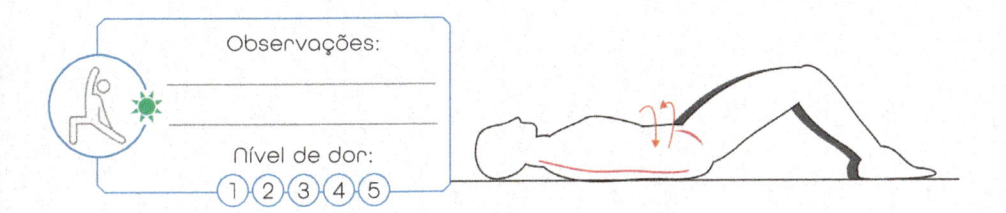

Exercício 4 – Alongamento da região lateral externa da coxa e do quadril (= semana 1)

▸ Em DD, com os joelhos estendidos.
▸ Cruze a perna E sobre a frente da coxa D.
▸ Com a mão D, pressione o joelho em direção ao chão e mantenha a pressão por 10T. Relaxe e repita mais 1 vez.
▸ Trabalhe da mesma forma para o lado E.

Observações: _____

Nível de dor: ① ② ③ ④ ⑤

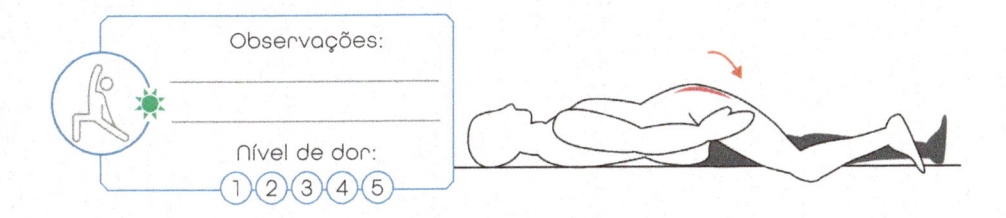

Exercício 5 – Exercício da borboleta, alongamento da região lateral interna da coxa ou alongamento dos músculos adutores

▸ Como no exercício anterior, com os joelhos estendidos, flexione a perna D, abra o joelho D e apoie o pé D na perna E. O joelho D ficará aberto como a asa de uma borboleta.
▸ Com a mão D, pressione o joelho D em direção ao chão e mantenha a pressão por 10T. Relaxe e repita mais 1 vez.
▸ Repita 2 vezes para cada lado.

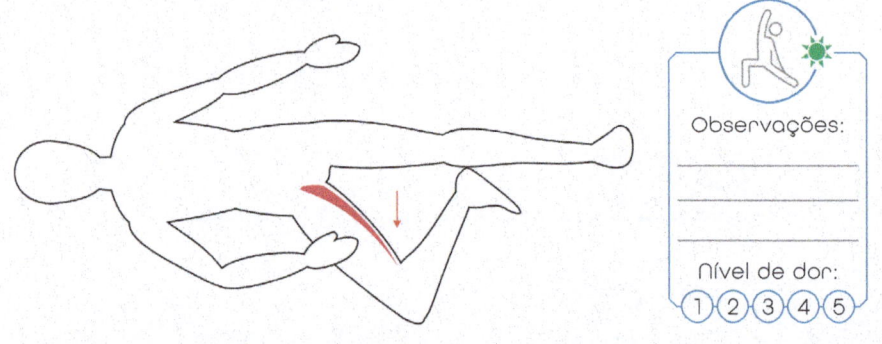

Observações:
_____
_____
_____

Nível de dor: ① ② ③ ④ ⑤

Exercício 6 – Alongamento da coluna vertebral e trabalho com abdome, na posição sentada, com as pernas apoiadas

▸ Em posição sentada, os membros inferiores para a frente e os joelhos semiflexionados.
▸ Faça a sequência completa dos movimentos com o tronco na vertical, tronco em flexão para a frente e tronco inclinado para trás.
▸ Centro, frente, centro, atrás, centro: 10T, 2S.

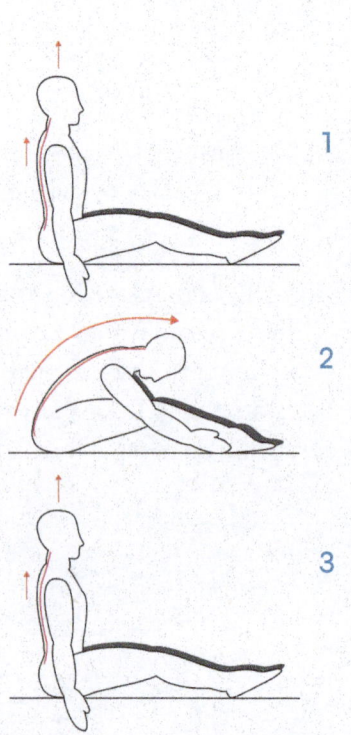

Observações:
_____
_____
_____

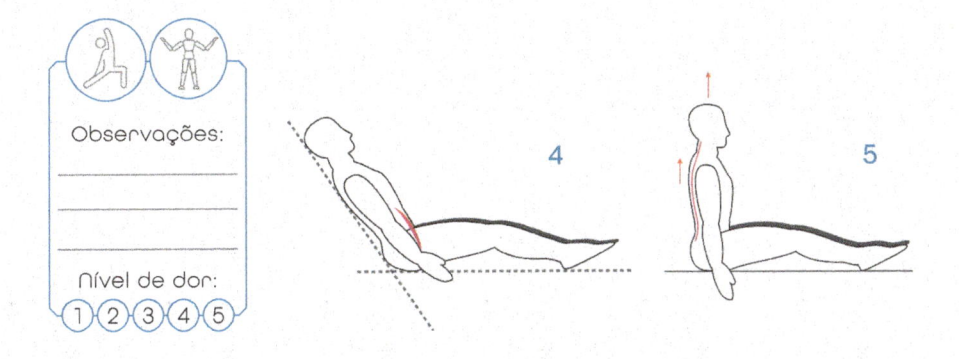

Nível de dor:
① ② ③ ④ ⑤

▸ *Lembre-se de perceber o quanto consegue inclinar-se para trás.* Cada pessoa tem seu ponto justo e você poderá ir aperfeiçoando à medida que pratica.
▸ Retorne à posição em DD e relaxe. Quando sentir-se pronto, alinhe seu corpo, flexione os joelhos e apoie os pés.

Exercício 7 – Exercício da ponte com almofada entre os joelhos, trabalho dos músculos glúteos e adutores

▸ Pressione a almofada (ou bolinha) entre os joelhos ao mesmo tempo que eleva o quadril. Mantenha por 10T na elevação e desça lentamente; faça 5S.

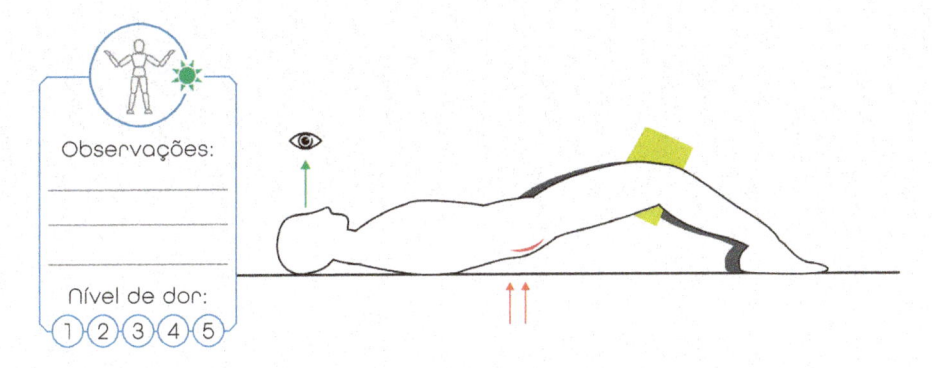

Observações:
_____
_____
_____

Nível de dor:
① ② ③ ④ ⑤

Exercício 8 – Exercício do banquinho, trabalho do abdome (= semana 2)

Trabalhe, nesse momento, mantendo os membros inferiores elevados no centro, lado D, centro, lado E e centro, 10T em cada posição, faça 2S.

> ☀ **Grupo especial**
> Trabalhe com os joelhos no abdome. Centro, lado D, centro, lado E e centro: 10T, 2S.

Exercício 9 – Mobilização torácica e alongamento de toda a coluna em posição de tartaruga

Lembre-se de que a região torácica é o segmento da coluna vertebral que possui as *vértebras unidas às costelas*, formando uma caixa óssea que protege os pulmões. Sua curvatura fisiológica tem a forma de um C e recebe o nome de cifose.

Os próximos movimentos serão benéficos para a mobilização dessa região.

- Ajoelhe, sente-se nos calcanhares, flexione o tronco sobre as pernas, apoie a testa no chão, leve os braços para a frente.
- Relaxe na posição fazendo algumas respirações longas, trabalhando com a imagem do movimento respiratório na região posterior do tronco.
- Em seguida, inspire. Quando soltar o ar, deslize as mãos para a frente e se levante devagar dos calcanhares, mantendo o tórax bem próximo ao chão durante o deslocamento. Pare o movimento das mãos quando suas pernas e coxas estiverem fazendo um ângulo de 45° nos joelhos.
- Nesse ponto mantenha o alongamento e pressione suavemente o tórax em direção ao chão, mantendo por 10T. Retorne aos calcanhares e relaxe.
- Repita mais uma 1 vez.

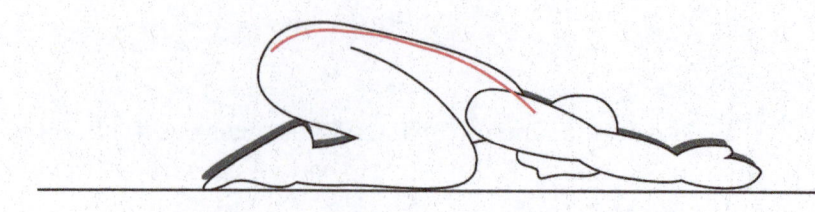

Observações:
_____
_____

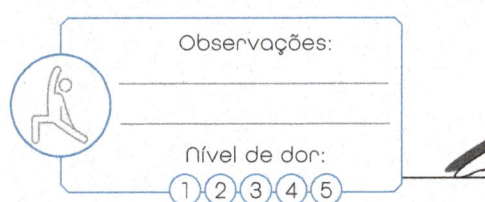

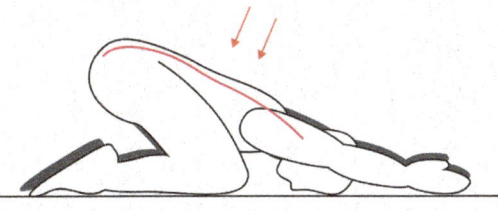

Nível de dor:
① ② ③ ④ ⑤

☼ Grupo especial

Faça o exercício 9 na posição sentada com os joelhos flexionados, próximo ao tórax, com a cabeça relaxada sobre os joelhos.

Sinta o alongamento da coluna da região sacral até a base da cabeça. Não faça esforço para esse alongamento, pois ele acontece pela posição. Direcione a respiração para a região posterior e faça algumas respirações lentas.

Inspire e, expirando, leve o tórax para a frente, alongue toda a coluna pela cabeça, e mantenha por 10T. Relaxe abraçando as pernas e, depois, repita toda a sequência mais 1 vez.

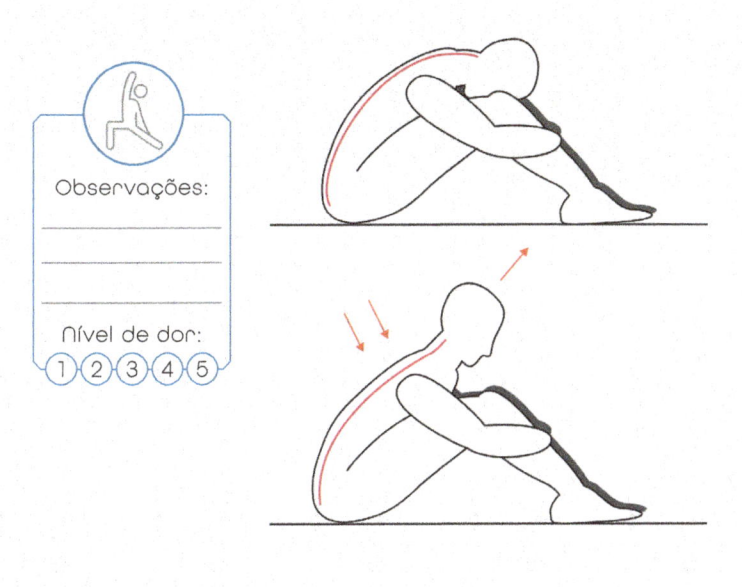

Observações:
_____
_____

Nível de dor:
① ② ③ ④ ⑤

Observação: Este segmento da coluna vertebral comumente se apresenta com o grau de curvatura aumentado. Isso ocorre por alterações posturais, doenças degenerativas, processo de envelhecimento etc.

No caso de você ter notado, em sua auto-observação inicial, a curvatura torácica acentuada (hipercifose), conhecida como "corcunda", pratique a mobilização nas duas posições: tartaruga e sentada com joelhos flexionados. É necessário flexibilizar a região torácica. Esses exercícios são importantes para você.

Finalize com relaxamento.

☼ Grupo especial
Passe diretamente para o relaxamento em DD.

- Relaxe em posição de tartaruga.
- Coloque uma almofada ou um travesseiro entre o seu corpo e as coxas. Flexione o tronco e traga os braços ao lado do corpo. Relaxe o tronco, o pescoço, os ombros e a cabeça. Respire lentamente. Imagine que a onda respiratória mobiliza toda a parte posterior de seu corpo a cada respiração.

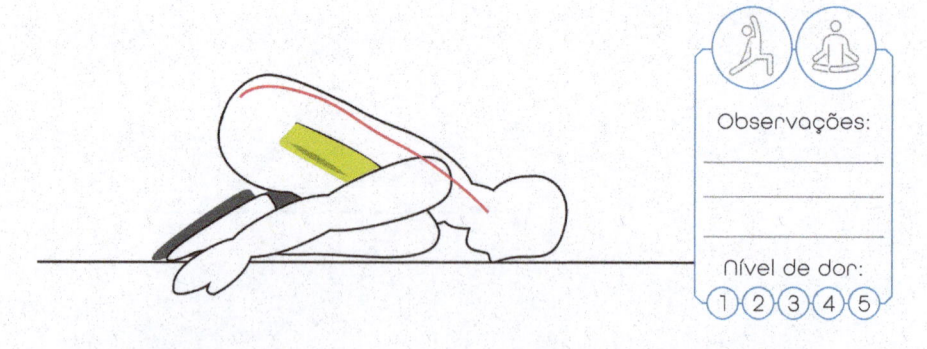

Observações:
_____
_____
_____

Nível de dor: ① ② ③ ④ ⑤

- Levante-se desenrolando o corpo e deite-se em DD, em posição de relaxamento.
- Nesse momento, sinta o contato da coluna vertebral no chão, observando cada segmento.
- Sentindo-se pronto, movimente-se e prepare-se para levantar-se.

Observações:
_____
_____
_____

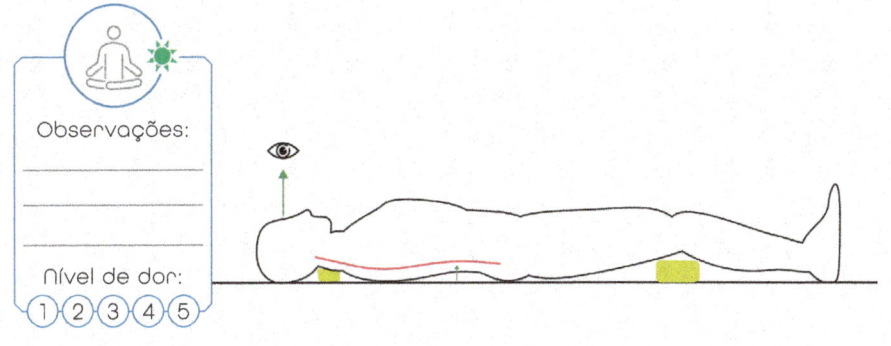

Nível de dor:
① ② ③ ④ ⑤

Exercícios pélvicos femininos ☀

Sugestão: Retorne às observações importantes para a pelve feminina, para recordar as informações sobre esse tema.

Sentada, sobre uma superfície firme, como uma cadeira ou um banco, localize os ísquios e sente-se sobre eles, mantendo os pés apoiados no chão.

Exercício 1 – Trabalhando com a musculatura da camada superficial do períneo

▸ Recorra à imagem da aproximação do púbis ao cóccix e contraia a musculatura nessa direção. Mantenha por 3T em contração e por 5T em relaxamento; repita 5 vezes.

Exercício 2 – Trabalhando com a musculatura da camada profunda do períneo

▸ Faça a contração do períneo promovendo a elevação do ânus em direção ao abdome. Mantenha a contração por 3T e relaxe por 5T; repita 5 vezes.
▸ Observe que, para esse exercício, é necessário um pequeno trabalho, profundo, no abdome.

Exercícios na posição sentada

Sente-se em uma cadeira ou um banco e observe a altura, de maneira que seus pés fiquem apoiados no chão. Procure os ísquios e mantenha-se sobre eles. Alongue a coluna, posicione a cabeça, olhando para a frente, e prepare-se para os exercícios.

Exercício 1 – Mobilização e relaxamento dos ombros

▸ Faça movimentos circulares com os ombros, na sequência: ombros para cima (orelhas), para trás (unindo escápulas), para baixo (para os pés). Repita os círculos por 10 vezes. Relaxe e repita mais 1S.
▸ Sinta o movimento dos ombros e das escápulas a cada círculo. Para isso, faça o exercício lentamente.

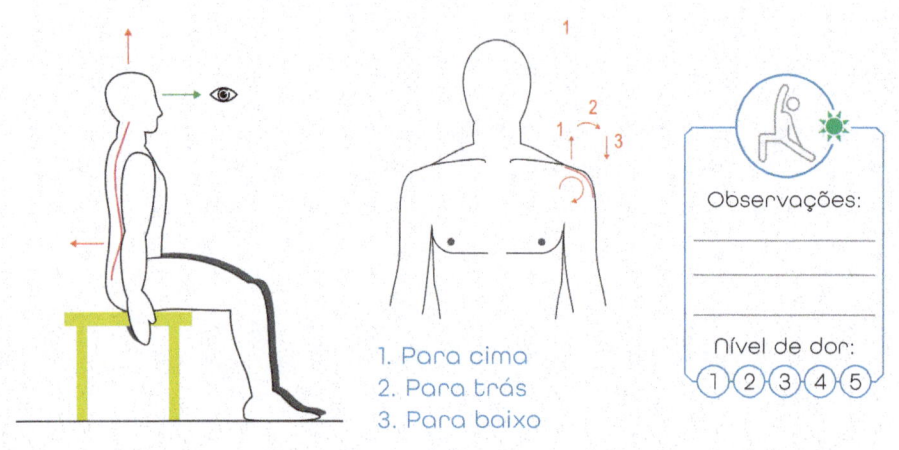

1. Para cima
2. Para trás
3. Para baixo

Observações:
_____
_____
_____

Nível de dor: ① ② ③ ④ ⑤

Exercício 2 – Alongamento de toda a coluna a partir da cabeça

▸ Certifique-se de que está sentado sobre os ísquios e a região lombar está posicionada; para isso, haverá um pequeno trabalho da região inferior do abdome.
▸ Imagine que você está crescendo e o topo de sua cabeça quer encostar no teto; alongue o máximo que conseguir. Mantenha o alongamento por 20T e relaxe. Observe a diferença de altura de seu tronco quando você se alonga.

> **Atenção:**
> » Alongue-se até o ponto em que consegue manter a posição de correção da região lombar e o apoio sobre os ísquios.
> » Relaxe os ombros e olhe para a frente.
> » O tórax se posiciona naturalmente à medida que a coluna se alonga; mantenha a respiração.

Agora, repita a sequência *com a respiração*: inspire e cresça. Expire e conte 20T mantendo o alongamento. Relaxe. Você sentirá que durante a expiração seu quadril ficará bem estabilizado sobre os ísquios.

Você poderá fazer esse exercício em sua mesa de trabalho, durante uma pequena pausa, mantendo os antebraços apoiados sobre a mesa.

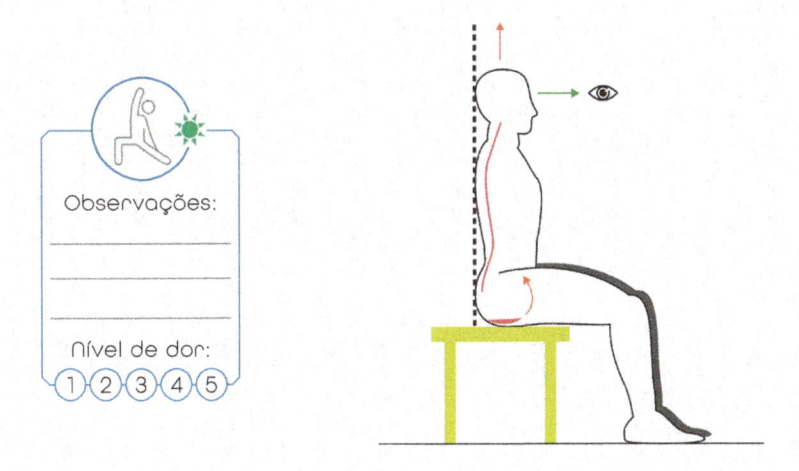

Observações:
_____
_____
_____

Nível de dor:
① ② ③ ④ ⑤

Exercício 3 – Alongamento da coluna em flexão

▸ Logo após o exercício 2, inspire. Soltando o ar, flexione o tronco para a frente e relaxe completamente o tronco sobre as pernas, com a cabeça e os braços em direção ao chão.
▸ Permaneça na posição por 10T com a coluna e a cabeça totalmente relaxadas.
▸ Em seguida, suba lentamente desenrolando a coluna vertebral a partir da região lombar; a cabeça chega por último e os ombros finalizam relaxados, com os braços ao lado do corpo.

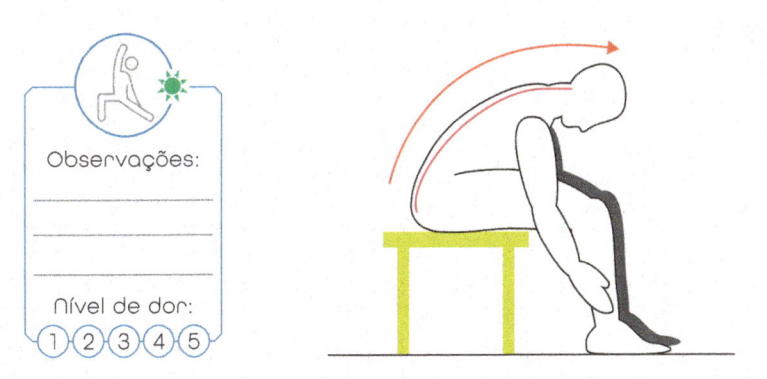

Observações:
_____
_____
_____

Nível de dor:
① ② ③ ④ ⑤

*Certifique-se de que esteja mantendo a postura sentada pelo apoio nos ísquios, a coluna alongada, a cabeça no topo, olhando para a frente e sem contração das escápulas.
Ombros relaxados!*

VOCÊ APRENDEU NESTA SEMANA:

» A posição de tartaruga, alongamento e mobilização da região torácica da coluna vertebral.
» Como alongar os músculos abdutores e adutores do quadril e da coxa.
» Adquiriu conhecimentos e aprendeu exercícios para o assoalho pélvico.

Observações da semana:

– SEMANA 8 –
Revisão das semanas 5, 6 e 7

Observações importantes sobre os **grupos musculares e as fáscias**

Durante os exercícios, trabalhamos os grupos musculares. É fundamental lembrar que esses grupos funcionam em conjunto. A alteração de um grupo reflete sobre o outro. Por exemplo: o trabalho em conjunto dos músculos estabilizadores da região abdominal e pélvica.

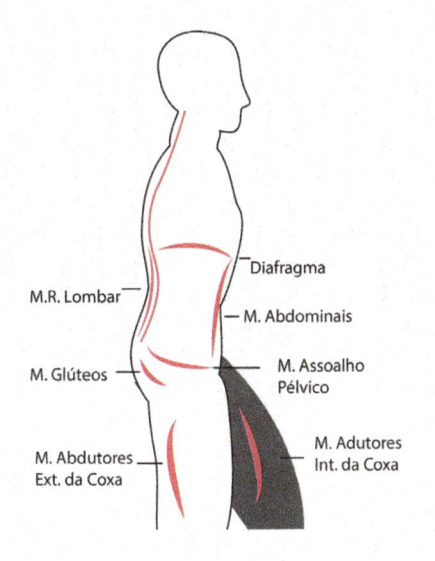

Labels da figura: M.R. Lombar — Diafragma — M. Abdominais — M. Glúteos — M. Assoalho Pélvico — M. Abdutores Ext. da Coxa — M. Adutores Int. da Coxa

A região do quadril e seus músculos associados formam o centro de estabilidade e de energia (core). O bom equilíbrio dessa região promove uma boa postura, movimentos harmoniosos e melhor funcionamento dos órgãos.

Grupos de músculos importantes a se trabalhar: abdominais, glúteos, abdutores, adutores e do assoalho pélvico.

Quando mencionamos grupos musculares interconectados por toda a extensão de nosso corpo, estamos falando do conceito de *globalidade*, ou seja, a alteração em um ponto repercutirá sobre outro.

É fundamental que os treinamentos e os tratamentos contemplem um olhar sistêmico, favorecendo o equilíbrio e o funcionamento conjunto das estruturas neuromusculares e ósseas.

Acrescento a esse olhar global do corpo humano outra estrutura integradora de nossa unidade: as *fáscias*.

As fáscias são constituídas por um tipo de tecido chamado conjuntivo, que envolve todo o corpo, dos músculos aos órgãos, e permeia as células e os vasos sanguíneos, formando uma rede que permite:

- Dar forma ao nosso corpo.
- Manter os órgãos vitais em posição adequada.
- Resistir aos estresses mecânicos internos e externos.
- Promover forças tensionais que possibilitam ao esqueleto a posição vertical e, portanto, nossa relação com a gravidade.

Imagine esse tecido como uma teia de aranha ou uma rede de pescar. A disfunção desse sistema causada por traumatismo, alteração postural, inflamação etc. poderá lesionar e/ou encurtar as fáscias, produzindo tensões anormais que repercutirão em um ou em vários componentes vizinhos a essa lesão.

Essas tensões anormais frequentemente são causadoras de dores e disfunções de todo tipo, sendo objeto de tratamento de várias técnicas manuais de reabilitação, que promovem a liberação e reconstituem o equilíbrio miofascial.

> "Claro que o tecido conjuntivo, que representa quase 70% de nossos tecidos, é um modelo perfeito de globalidade funcional."
> (BIENFAIT, 1999, p. 21)

- Exercite-se considerando a sua globalidade.
- Observe seu posicionamento e respire com tranquilidade. O diafragma é o principal músculo respiratório e um grande promotor de saúde para todas as estruturas corporais.
- Nessa série de revisão estão os exercícios básicos mais importantes (alongamentos/trabalho muscular). Memorizando essa lista, poderá praticá-la em viagens ou semanas muito ocupadas.

Pratique os exercícios lentamente. Se estiver com pressa, deixe para outro momento.

— FICHA 1 —
Alongamentos/mobilizações

☀	Pressionar os joelhos contra o abdome. 20T, 2 vezes.	
☀	Alongamento da região posterior do joelho. 20T, 2 vezes.	
☀	Mobilização das escápulas, braços em cruz. 10T, 2 vezes com cada braço.	
☀	Alongamento da coluna vertebral para cima e em flexão. 10T em cada posição, 2 vezes.	
☀	Mobilização do quadril: para o chão. 10X + 10T.	

☀	Mobilização lateral do quadril para a D e E. 20 vezes.	
☀	Alongamento lateral do quadril. 20T, 2S.	
☀	Alongamento da região interna da coxa. 20T, 2S.	
☀	Mobilização da região torácica: posição de tartaruga. 10T, 2S. Ou: Posição sentada com joelhos flexionados junto ao corpo. 10T, 2S.	
☀	Relaxamento em posição de tartaruga. ☀ **Grupo especial** Relaxe em DD.	

— FICHA 2 —
Trabalho muscular

	Alongamento de toda a coluna, no centro e para os lados. 10T em cada posição, 2S.	
	Pressionar os joelhos contra o abdome por 20T, 2S.	
	Ponte com almofada. 20T, 5 vezes.	
	Afastar os joelhos com a faixa. 10X + 10T, 3S.	
	Banquinho. C / L / C / L / C, 10T, 2S. ☀ **Grupo especial** Joelhos no abdome.	

	Bicicleta. 10X 2S	
	Abdominal em posição sentada com inclinação do tronco. 10T, 5X.	
	Relaxamento em DD, 5 respirações lentas.	

— FICHA 3 —
Exercícios em posição sentada

☀		Mobilização das escápulas, braços para a frente. Alongar alternadamente D e E, 10 vezes. 2S.	
☀		Trazer o joelho ao abdome. Segurar por 10T. 2 vezes com cada perna.	
☀		Alongamento de toda a coluna. Braços para cima, alongar e manter por 10T. Flexionar o tronco e relaxar por 10 T. Subir o tronco lentamente. 2S.	
☀	1. Para cima 2. Para trás 3. Para baixo	Círculos com os ombros. 10 vezes, 2S.	
☀		Alongamento da cabeça em direção ao teto. Mantenha por 10T e relaxe, 2S.	
☀		Flexão do tronco. Relaxar por 10T e subir lentamente, 1 vez.	

AVALIANDO O BLOCO 2

Data final: _____

Realização das metas principais:
_____
_____
_____
_____
_____
_____
_____
_____

Realização das metas secundárias:
_____
_____
_____
_____
_____
_____
_____
_____

Satisfação com o aproveitamento: ① ② ③ ④ ⑤

Posso melhorar:

_____
_____
_____
_____
_____
_____

Observações gerais: (Mudanças do padrão: sono, apetite, humor etc./ dores, medicações/outros sintomas)

_____
_____
_____
_____
_____
_____
_____
_____
_____
_____
_____
_____
_____
_____
_____
_____

Valorize suas conquistas, pequenas ou grandes!

BLOCO 3

MEU PROGRAMA
— BLOCO 3 —

Data de início: _____

Metas principais do Bloco 3: (Visando aos seus objetivos finais)
_____
_____
_____
_____
_____
_____

Metas secundárias:
_____
_____
_____
_____
_____
_____

Nível de motivação: ① ② ③ ④ ⑤

SEMANA 9:

	Segunda	Terça	Quarta	Quinta	Sexta	Sábado	Domingo
Exercícios do diário							
Exercícios aeróbicos							

SEMANA 10:

	Segunda	Terça	Quarta	Quinta	Sexta	Sábado	Domingo
Exercícios do diário							
Exercícios aeróbicos							

SEMANA 11:

	Segunda	Terça	Quarta	Quinta	Sexta	Sábado	Domingo
Exercícios do diário							
Exercícios aeróbicos							

SEMANA 12:

	Segunda	Terça	Quarta	Quinta	Sexta	Sábado	Domingo
Exercícios do diário							
Exercícios aeróbicos							

– SEMANA 9 –

Alongamento de toda a coluna pela cabeça e exercícios para a pelve feminina

Observações importantes para **alongar a coluna toda pela cabeça**

Vamos recordar a coluna vertebral e suas curvaturas.

As regiões lombar (cintura) e cervical (pescoço) estão distantes do chão e apresentam as lordoses. As regiões torácica (tórax) e sacral (base da coluna/quadril) pressionam o chão e apresentam as cifoses.

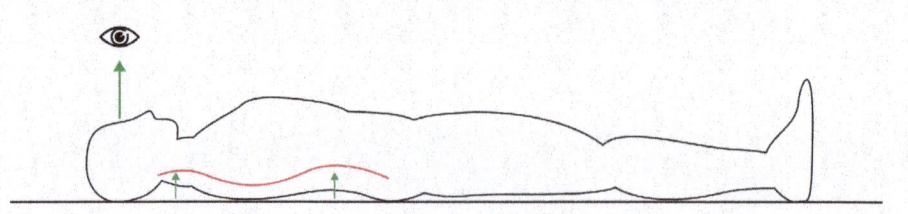

Por meio do movimento do quadril (inclinação pélvica) alongamos a extremidade inferior e a fixamos. Agora experimente, fazendo uma pequena tração da cabeça no sentido oposto aos pés, o alongamento da extremidade superior.

O movimento de tração da cabeça é pequeno e sutil.
Pode ser realizado imaginando que a cabeça
traciona o pescoço e, depois, a coluna toda.
Porém o quadril permanece em equilíbrio.

Pense no pescoço da tartaruga saindo de dentro do casco.

Agora, sentindo no próprio corpo:

- Deite-se em DD, com os joelhos flexionados e os pés apoiados.
- Observe se a coluna vertebral está alinhada.
- Faça o movimento do quadril aproximando a cintura do chão; nessa posição, a extremidade inferior está fixa e alongada (1).
- Faça o alongamento da coluna através da cabeça (2). Imagine que a cabeça traciona cada vértebra da coluna vertebral e, por consequência, as vértebras se afastam umas das outras, e aos poucos ocorre um *microalongamento* de toda a coluna.
- Durante o movimento de tração, tenha cuidado para não abaixar o queixo e pressionar a garganta; para que isso não aconteça, *mantenha o olhar para a frente*.

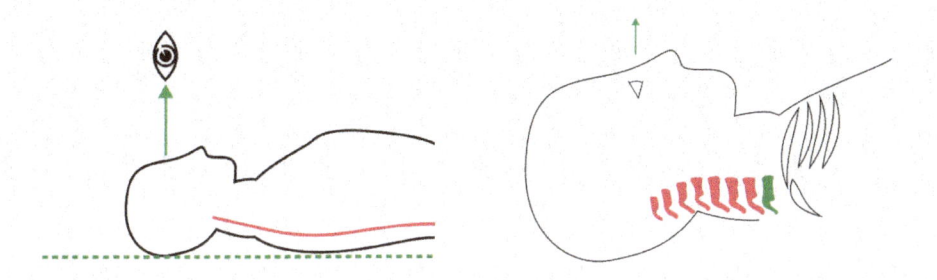

Alongue o pescoço

Perceba melhor o movimento de alongamento do pescoço pela cabeça posicionando as mãos sob a base da cabeça e do pescoço. Faça com suas mãos uma pequena tração e, ao mesmo tempo, imagine o pescoço crescendo.

Após o alongamento, mantenha a cabeça posicionada e respire normalmente.

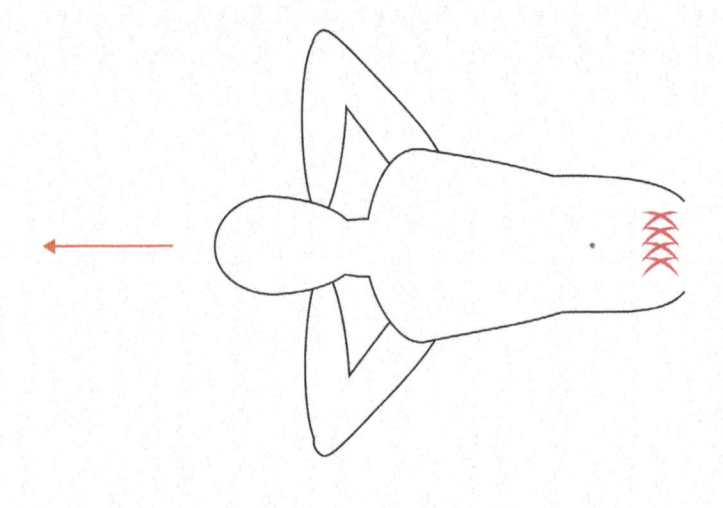

Os exercícios posturais alongam as curvaturas da coluna vertebral, promovendo a descompressão entre as vértebras e flexibilidade em todos os tecidos envolvidos.

Algumas pessoas se beneficiam elevando ou abaixando o queixo durante esse alongamento, porém, faça a mudança somente se você recebeu orientação de um profissional, caso contrário mantenha a posição neutra e olhe para a frente.

Prática da semana 9: Alongamento de toda a coluna

Prepare-se para a sua série de exercícios. Deite-se em DD, com os joelhos estendidos. Mantenha-se presente em seu corpo. Relaxe os membros superiores e inferiores. Nesse momento, observe e relaxe as tensões na face, na cabeça, na região cervical e nos ombros.

Flexione os joelhos e apoie os pés.

Exercício 1 – Alongamento da região lombar (= semana 1)

▸ Pressione os joelhos contra o abdome, 10X + 10T.

Observações:
_____
Nível de dor:
① ② ③ ④ ⑤

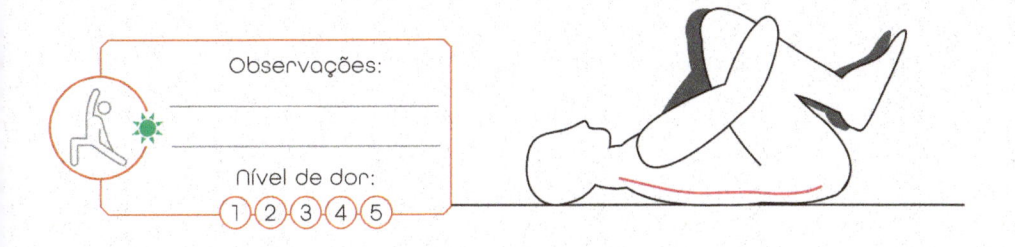

Exercício 2 – Mobilização dos ombros para baixo

▸ Em DD, com os joelhos flexionados, os pés apoiados e a região lombar próxima do chão.
▸ Observe, com cuidado, o alinhamento da coluna e a centralidade da cabeça.
▸ Deslize os ombros e os braços em direção aos seus pés, de maneira que os ombros se distanciarão das orelhas. Esse movimento vai abrir o ângulo do pescoço com seus ombros. Mantenha a posição por 10T. Relaxe.
▸ Repita o movimento 5 vezes.

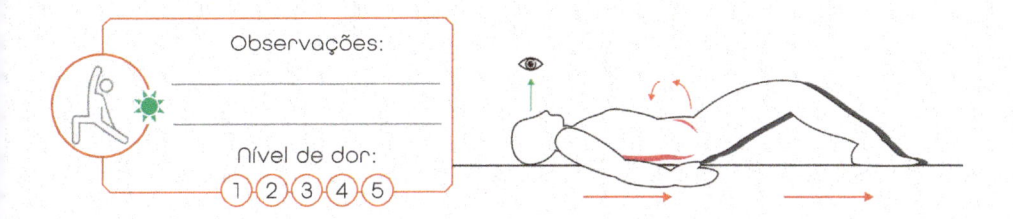

Observações:
_____
Nível de dor:
① ② ③ ④ ⑤

Exercício 3 – Alongamento de toda a coluna com pés apoiados (= semana 1)

▸ Mantenha o alongamento por 10T, 2S.

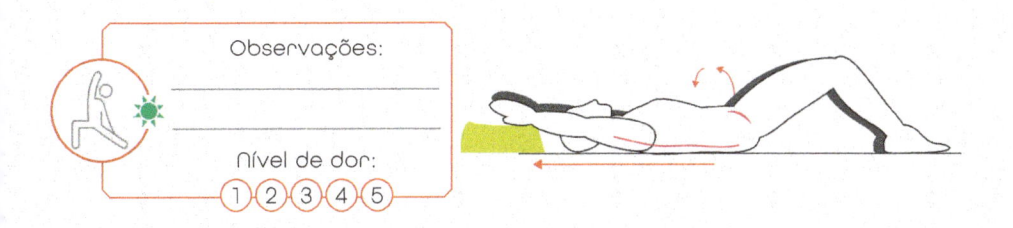

Observações:
_____
Nível de dor:
① ② ③ ④ ⑤

Exercício 4 – Alongamento da coluna toda a partir da cabeça

- Em DD, com os joelhos flexionados, os pés apoiados e a cintura em direção ao chão.
- Alinhe a cabeça no eixo da coluna vertebral.
- Coloque suas mãos na base da cabeça, uma de cada lado. Inspire lentamente e, ao mesmo tempo, faça uma autotração de seu pescoço (lembre-se da tartaruga). Expire mantendo o alongamento por 10T. Relaxe e desça seus braços.
- Repita o mesmo movimento, sem a ajuda das mãos, imaginando o seu pescoço bem longo. Inspire alongando, expire e mantenha o alongamento por 10T. Relaxe.

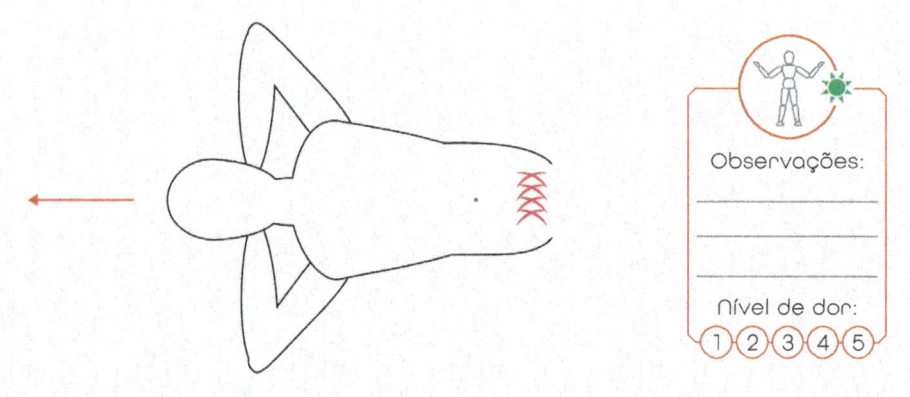

Observações:
_____
_____
_____

Nível de dor: 1 2 3 4 5

Lembre-se: enquanto você alonga a região cervical, mantenha a posição do quadril e da cabeça e olhe para a frente.

Exercício 5 – Ponte (= semana 3)

- Mantenha o quadril elevado por 10T, 5S.

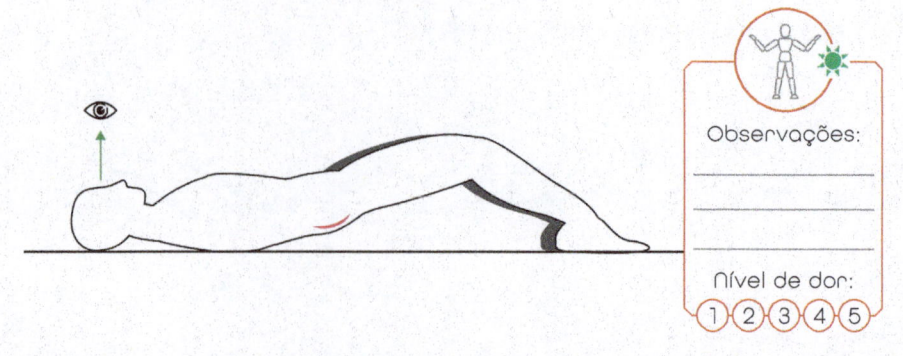

Observações:
_____
_____
_____

Nível de dor: 1 2 3 4 5

Exercício 6 – Trabalho dos músculos adutores (= semana 2)

▸ Aperte a bolinha 10X + 10T, 3S.

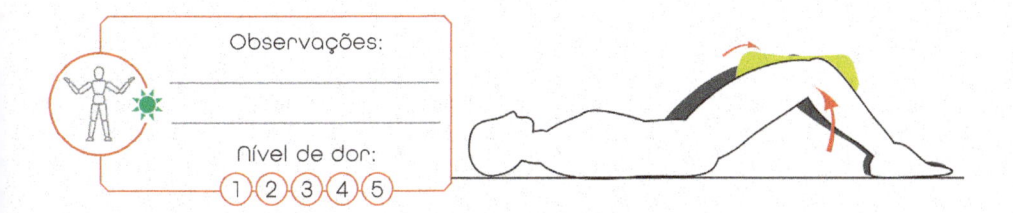

Observações:
_____
_____

Nível de dor:
① ② ③ ④ ⑤

Exercício 7 – Trabalho dos músculos abdutores (= semana 2)

▸ Coloque a faixa elástica e afaste os joelhos 10X + 10T, 3S.

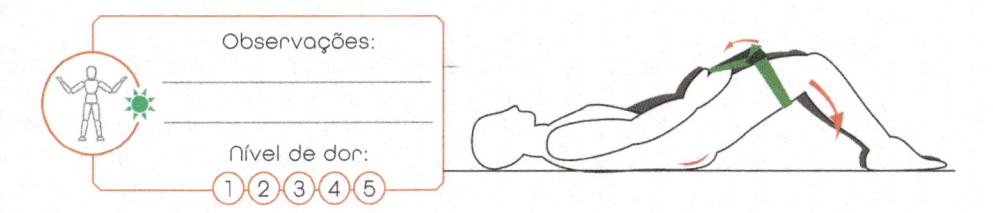

Observações:
_____
_____

Nível de dor:
① ② ③ ④ ⑤

Exercício 8 – Exercício da bicicleta, trabalho do abdome

▸ Em DD, com os joelhos flexionados e os pés apoiados.
▸ Traga os joelhos ao abdome.
▸ Eleve uma perna em direção ao teto.
▸ Faça o movimento de bicicleta para cima 10 vezes. Em seguida, vire as pernas, ligeiramente, para o lado D e repita nessa posição o movimento de bicicleta 10 vezes. Agora, vire para o lado E e repita o movimento 10 vezes. Volte ao centro, flexione os joelhos e apoie os pés, um de cada vez, para descansar.
▸ Faça 10 vezes em cada posição. Relaxe. 2S.
▸ Observe que esse exercício é semelhante ao do banquinho para os lados.

Atenção:
» O deslocamento em diagonal é pequeno. Mantenha-se no controle do quadril.

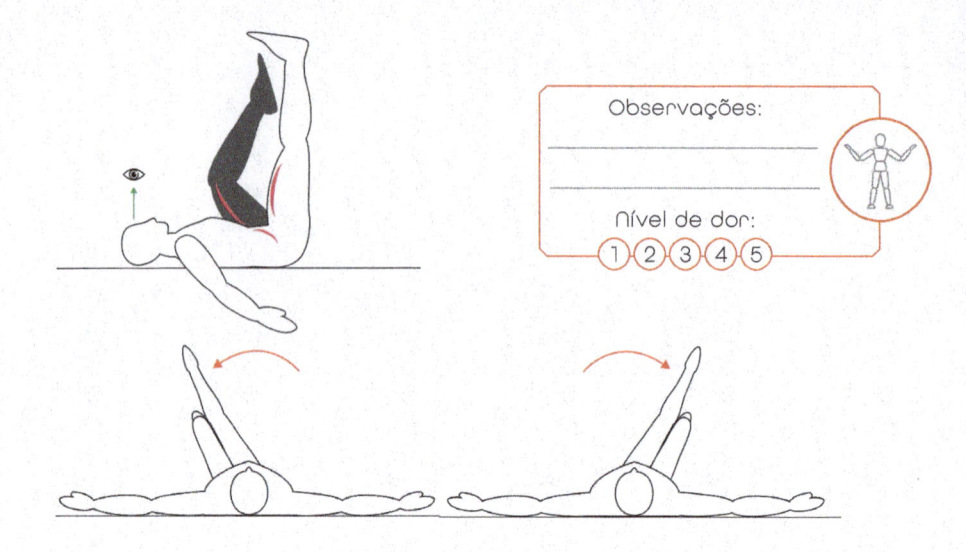

Observações:
_____
_____

Nível de dor:
① ② ③ ④ ⑤

☀ Grupo especial

Substitua o exercício 8 pelo exercício com os joelhos no abdome e com os braços abertos em cruz. Faça por 10T em cada posição: C/L/L/C, 2S.

Exercício 9 — Alongamento de toda a coluna, no centro e nas laterais (= semana 6)

▸ Mantenha o alongamento por 10T em cada posição.

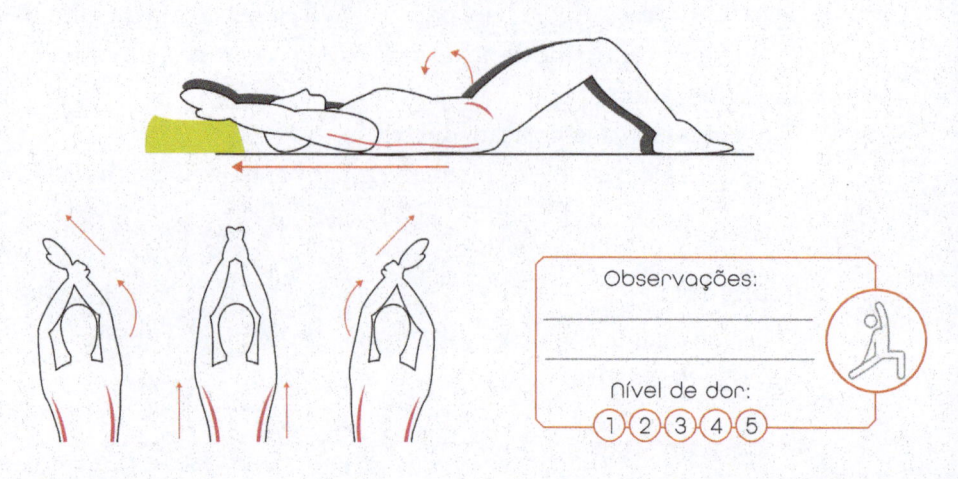

Observações:
_____
_____

Nível de dor:
① ② ③ ④ ⑤

> ☀ **Grupo especial**
> Lembre-se da opção de fazer o alongamento com os braços ao lado do corpo.

Finalize a série com um momento de relaxamento e o registro de suas sensações corporais e mentais.

Em algum momento de seu dia, repita os exercícios das semanas 6 e 7 na posição sentada.

Exercícios **pélvicos femininos**

- Sente-se em uma cadeira ou um banco, com os pés apoiados e a coluna alongada.
- A musculatura do períneo necessita de estímulos de *contrações lentas*, como realizado até esse momento, mas também *contrações rápidas*. Observe a orientação a seguir.

Exercício 1 – Trabalho da musculatura da camada superficial do períneo

- Concentre-se na distância do púbis ao cóccix e faça a contração da musculatura superficial para aproximar esses dois pontos. Mantenha por 3T e relaxe 5T, repita 8 vezes, 2S.
- Treine agora contrações mais rápidas. Mantenha a contração por 1T, relaxe por 1T. Repita 10 vezes.

Exercício 2 – Trabalho da musculatura da camada profunda do períneo

- Contraia o períneo, sinta a elevação do ânus em direção ao abdome. Mantenha a contração por 3T e relaxe por 5T. Repita 8 vezes, 2S.
- Contrações rápidas, 1T contração/1T relaxamento. Repita 10 vezes.

VOCÊ APRENDEU NESTA SEMANA:

» O alongamento da coluna pela cabeça por meio de uma autotração.
» O trabalho do abdome com o exercício da bicicleta, para o centro e para os lados.
» O trabalho com o assoalho pélvico com exercícios de contração lenta e rápida.

Observações da semana:
_____
_____
_____
_____
_____
_____
_____
_____
_____
_____
_____
_____

Neste ponto de seu diário, comece a destacar
os exercícios mais úteis para você.
Observe minha sugestão de roteiro de exercícios,
mas, como sabemos, não existem fórmulas, receitas
ou resultados matemáticos para o corpo.
Considere criar seu caminho, respeitando sua
individualidade e todos os aspectos do seu ser.

– SEMANA 10 –
Orientações e exercícios para a posição em pé, alongamento de toda a coluna, exercícios em decúbito lateral e para a pelve feminina

Observações importantes sobre a **postura em pé**

Como posicionar-se corretamente em pé para os exercícios.
O desenho a seguir representa uma referência para a boa postura em pé.

Lembre-se que esta referência é um estudo didático da boa postura, porém o importante é que cada um encontre o melhor equilíbrio possível dentro de seu biotipo.

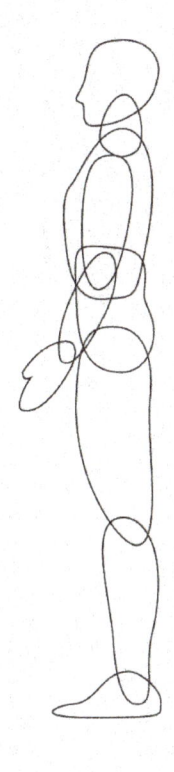

Observamos o eixo: orelha, ombro, cabeça do fêmur, joelho e tornozelo, e o alinhamento de cabeça, escápulas, sacro.

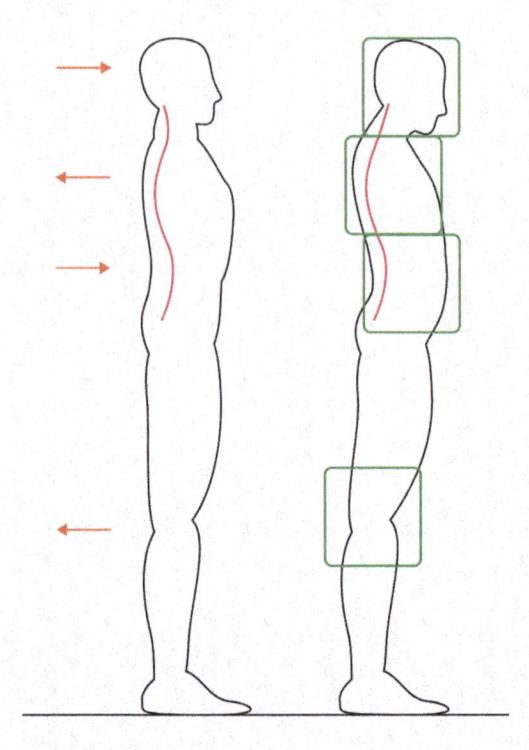

A postura na posição sentada ou em pé deve ser observada dentro de um aspecto dinâmico. Estamos nos movendo o tempo todo, e o bom equilíbrio depende da flexibilidade da coluna vertebral e da integração eficiente entre cabeça e quadril. Uma boa organização central permite a liberação dos movimentos dos membros inferiores e superiores.

Como mencionei anteriormente, nosso corpo está totalmente interligado por grupos musculares; se por qualquer motivo houver alteração em um ou mais segmentos corporais, essas alterações se transmitem para os demais.

Exemplo: o hábito de levar os joelhos para trás (hiperextensão) quando você fica em pé. Esse deslocamento dos joelhos para trás vai ser compensado com o quadril para a frente (aumentando a lordose lombar), o segmento torácico para trás (aumentando a cifose torácica) e a cabeça projetada para a frente.

Esse é apenas um exemplo de como construímos nossa postura corporal pelos *mecanismos de compensação*.

> O resultado de nossa postura corporal se deve a
> múltiplos fatores, que interagem o tempo todo:
> hábitos diários, fatores hereditários, emocionais,
> metabólicos, nutricionais, atividade física, idade etc.
> Com tantas variáveis, cada indivíduo torna-se único
> em sua forma de estar no mundo.

Como regra geral para ficar em pé e/ou realizar os exercícios, observe:

- O posicionamento dos pés, que devem ficar paralelos, ligeiramente afastados, e distribua o peso sobre os dois pés igualmente.
- O peso corporal deve ficar distribuído entre calcanhar, bordo externo e pontas dos pés. A maioria das pessoas mantém o peso do corpo deslocado para as pontas dos pés e, por isso, sente desequilíbrio quando experimenta a posição correta, mas com a repetição dos exercícios vai incorporando esse novo eixo de equilíbrio.

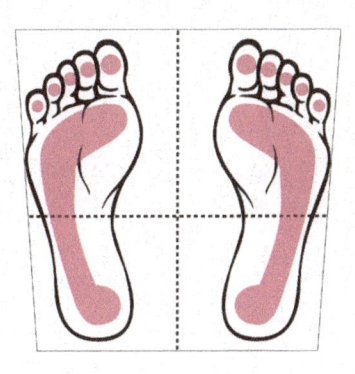

- Verifique, agora, os joelhos para a realização dos exercícios. Permaneça com os joelhos levemente flexionados; isso contribuirá para manter a região lombar posicionada e proporcionar maior estabilidade.
- Observe o quadril e lembre-se de posicioná-lo como nos exercícios em DD e sentado. Faça o movimento para correção da hiperlordose lombar.
- Finalmente, empilhe todo o tronco sobre essa base e coloque a cabeça no final do empilhamento, com o olhar dirigido para a frente.

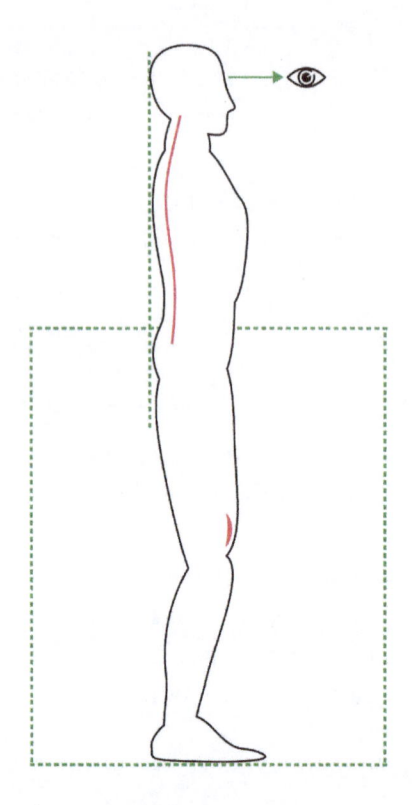

Observe que seguimos os mesmos princípios das posições anteriores: a simetria na distribuição de peso do corpo, os joelhos relaxados, a região lombar alongada, um pequeno trabalho na região inferior do abdome, o alinhamento da coluna vertebral, a centralização da cabeça e o olhar dirigido para a frente.

Prática da semana 10: Alongamento da coluna vertebral

Deite-se em DD e siga as orientações iniciais das semanas anteriores.
Sentindo-se pronto para iniciar a série, flexione os joelhos e apoie os pés no chão.

Exercício 1 – Alongamento da região lombar (= semana 1)

› 10X + 10T, 2S.

Observações:
_____
_____
_____

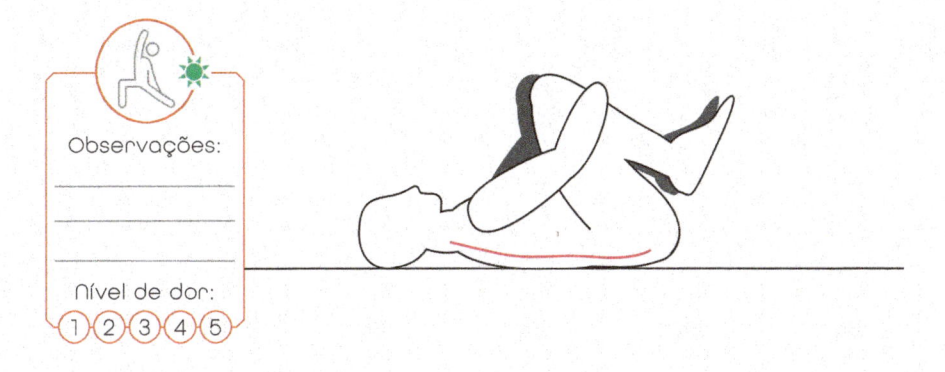

Nível de dor:
① ② ③ ④ ⑤

Exercício 2 – Alongamento dos músculos posteriores do joelho (= semana 1)

▸ 20T, 2S.

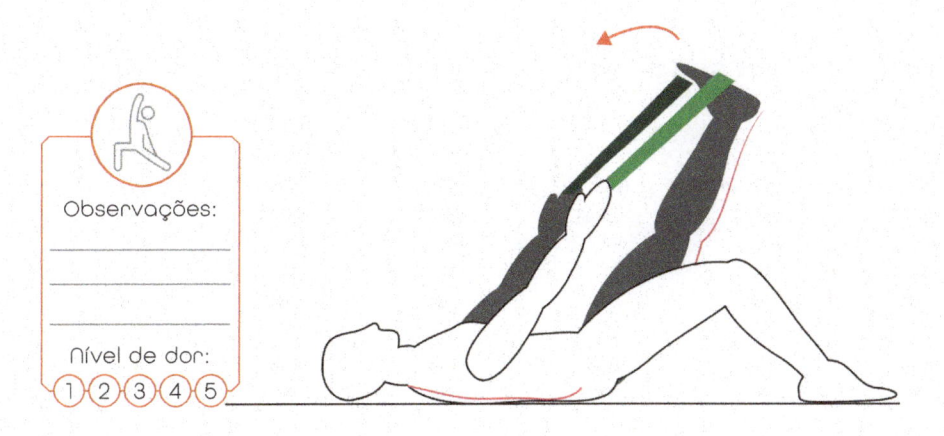

Observações:
_____
_____
_____

Nível de dor:
① ② ③ ④ ⑤

Exercício 3 – Mobilização dos ombros para baixo com rotação da cabeça

▸ Em DD, com os joelhos dobrados, os pés apoiados e o quadril posicionado.
▸ Observe a centralidade da cabeça e faça o movimento de abaixamento dos ombros em direção aos pés e relaxe. Repita 10X + 10T.
▸ Agora, repita o movimento do exercício anterior e mantenha os ombros abaixados. Vire a cabeça para o lado D e mantenha nessa posição, junto com os ombros abaixados. Sinta o alongamento da musculatura

lateral do pescoço que a posição promove; mantenha por 10T. Retorne lentamente com a cabeça ao centro e repita para o lado E.
› Centralize a cabeça e relaxe os ombros.
› 2S.

Passo 1: leve os ombros e os braços em direção aos pés. Mantenha o alongamento durante o passo 2.

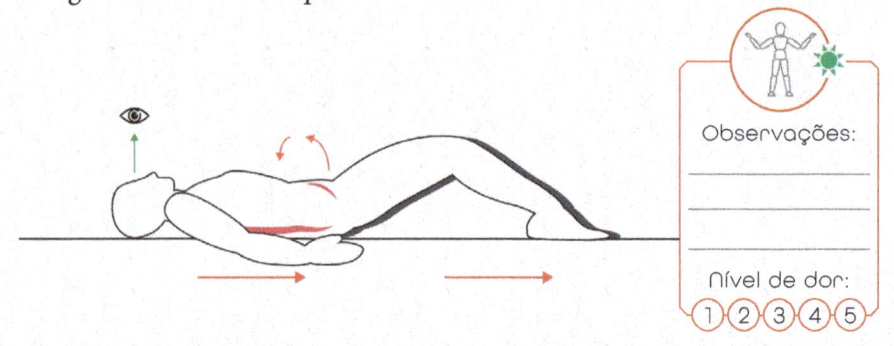

Passo 2: vire a cabeça para o lado D e mantenha por 10T. Centralize a cabeça e gire para o lado E; mantenha por 10T. Centralize a cabeça e relaxe os ombros.

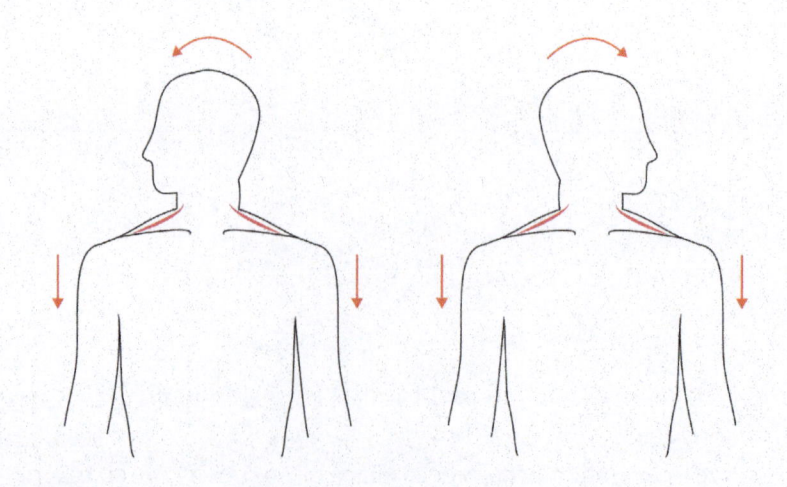

Deite-se em DL com os joelhos flexionados.
Lembre-se do alinhamento de seu corpo em DL. Imagine-se encostado em uma parede e use como referência para seu alinhamento. Observe a imagem a seguir.

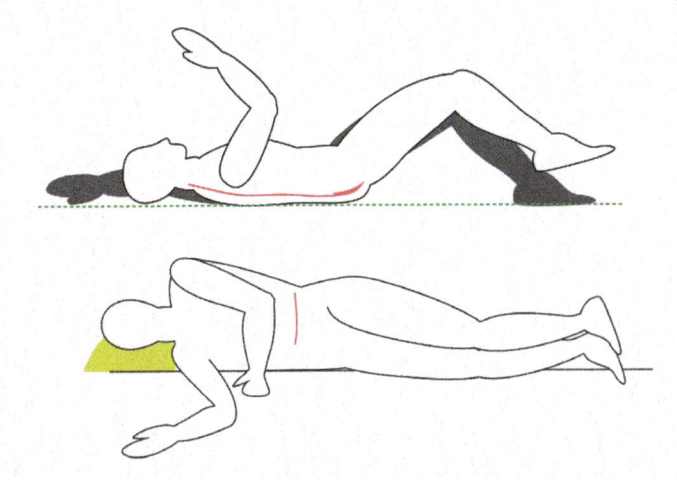

Exercício 4 – Mobilização do quadril (inclinação pélvica) em DL (= semana 2); relembre este exercício

- Leve a mão à região do osso sacro.
- Alongue a região lombar e sinta o movimento; relaxe.
- Repita 10X + 10T.

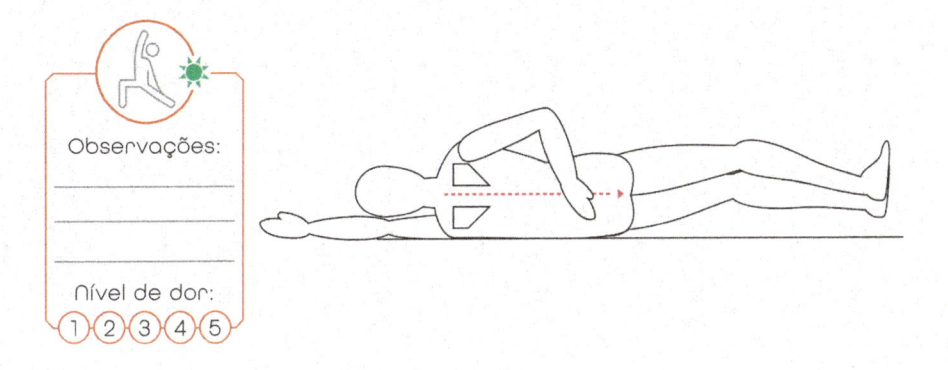

Observações:
_____
_____
_____

Nível de dor:
① ② ③ ④ ⑤

O posicionamento do braço para trás poderá ser desconfortável para seu ombro; nesse caso, sinta o movimento levando a mão à região inferior do abdome.

Exercício 5 – Trabalho da musculatura abdutora, em DL

- Lembre-se de que a musculatura abdutora faz o movimento de abertura dos joelhos.
- Posicione-se de lado observando o alinhamento e a posição da região lombar.

- Eleve a perna de cima com o joelho flexionado e retorne lentamente; antes de tocar a perna de baixo eleve novamente. Repita 10X + 10T, 2S.
- Observe que este exercício é uma variação do que já foi feito anteriormente, porém, agora, eleva-se a perna de cima com o joelho flexionado. Eleve no máximo até 30 cm do chão.

Atenção:
Cuidado para não elevar demais a perna. O movimento é pequeno; para fazê-lo não será necessário acionar a região da cintura, mas, sim, a lateral do quadril (região dos glúteos).

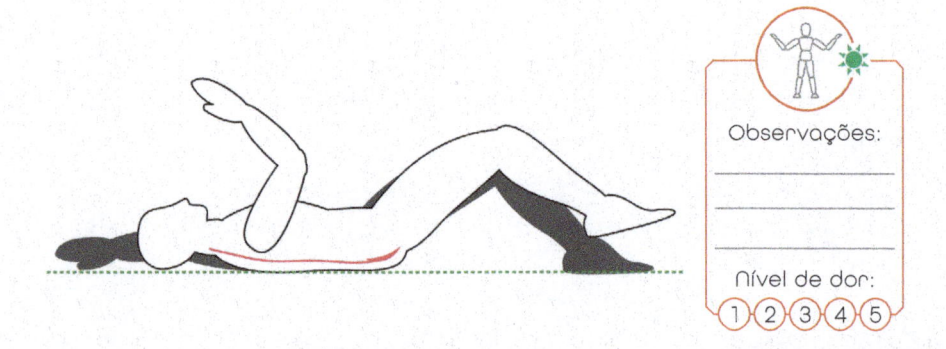

Observações:

Nível de dor: 1 2 3 4 5

☀ **Grupo especial**
Substitua os exercícios 5 e 6 pelos exercícios da faixa elástica (DD, afastar joelhos) e bolinha (DD, apertar bolinha). Faça 15X + 15T, 2S. Não faça o exercício 7 e siga direto para o exercício 8.

Exercício 6 – Trabalho da musculatura adutora, em DL

- Lembre-se de que a musculatura adutora aproxima os joelhos.
- Posicione a perna de cima flexionada, à frente da perna de baixo, e apoiada no chão. Mantenha a perna de baixo livre para o movimento.

▸ Estenda a perna de baixo, faça o movimento de elevar e volte ao chão. Repita 10X + 10T, 2S. Lembre-se de que irá trabalhar a parte interna da coxa; para isso eleve pouco a perna.

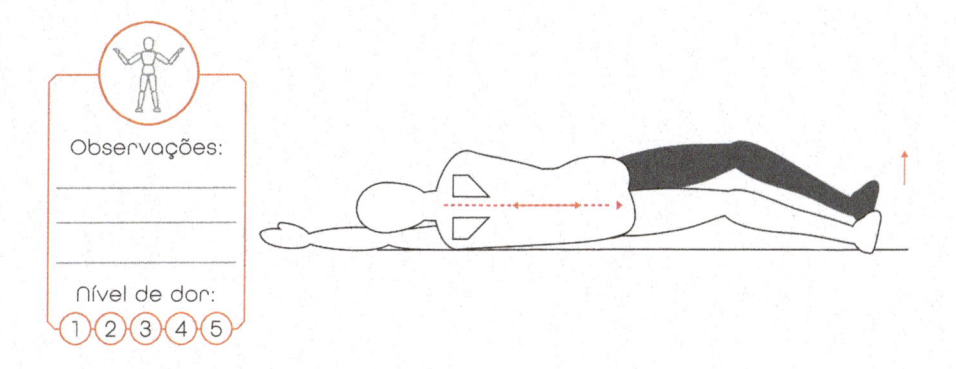

Observações:
_____
_____
_____

Nível de dor:
①②③④⑤

Exercício 7 – Alongamento da região anterior da coxa

▸ Em DL, com os joelhos flexionados e a região lombar alongada.
▸ Flexione o joelho da perna de cima e segure o tornozelo dessa perna.
▸ Traga suavemente o tornozelo em direção ao quadril. Pare no momento em que sentir o alongamento na parte anterior da coxa; mantenha a pressão neste ponto por 10T e relaxe. Repita 2 vezes.
▸ Observação: Caso sinta um encurtamento muito grande, respeite a resistência e insista suavemente até ganhar amplitude. Se, ao contrário, tiver um bom alongamento, não insista para encostar o calcanhar no quadril; pare antes desse ponto e mantenha por 10T.

Atenção:
Não deixe o quadril ir para a frente e provocar o aumento da lordose lombar; mantenha o quadril estabilizado na posição de correção e puxe a perna até o ponto de alongamento.

Observações:
___
___
___

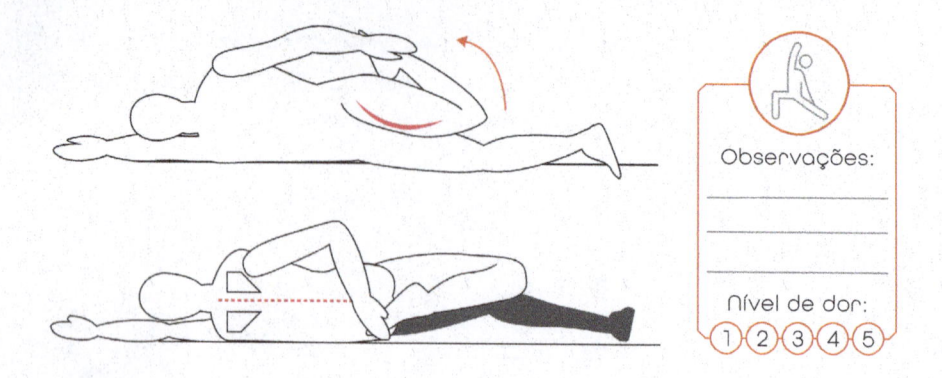

Nível de dor:
① ② ③ ④ ⑤

Exercício 8 – Exercício do banquinho, trabalho do abdome (= semana 2)

> Em DD, com os joelhos flexionados e os pés apoiados.
> Encontre sua melhor posição. Se necessário, traga os joelhos mais próximo do abdome e/ou desça os pés.
> Centro/lado/centro/lado/centro, 10T, 2S.

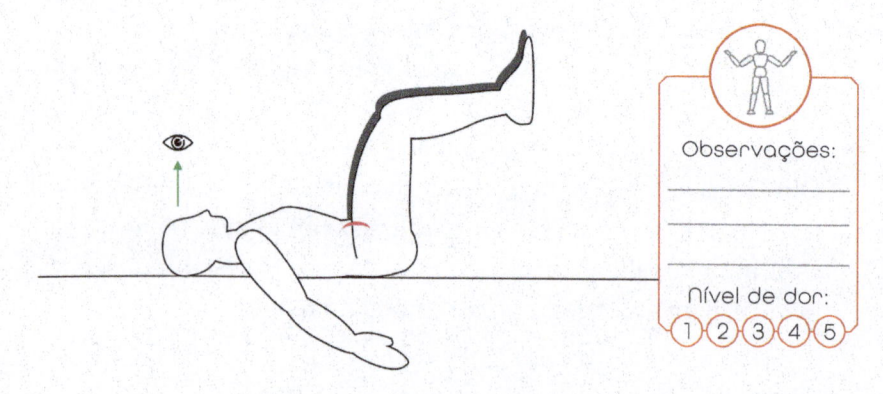

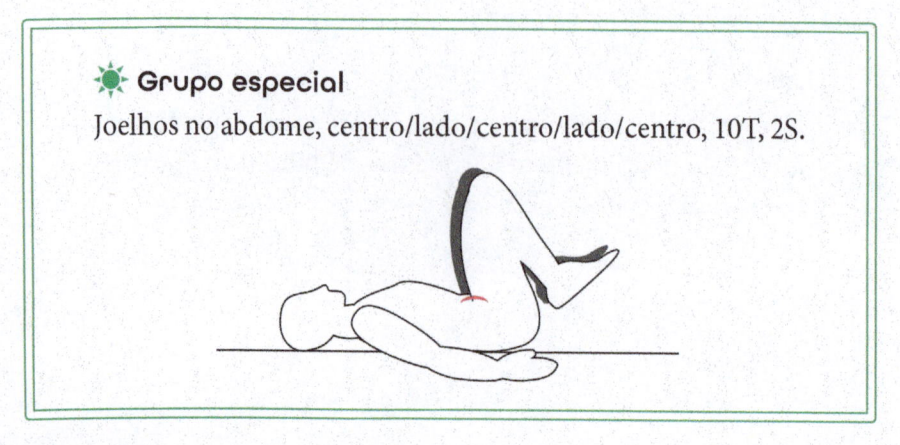

Observações:
___
___
___

Nível de dor:
① ② ③ ④ ⑤

☀ Grupo especial
Joelhos no abdome, centro/lado/centro/lado/centro, 10T, 2S.

Exercício 9 – Alongamento de toda a coluna com joelhos no abdome (= semana 2)

▸ Mantenha o alongamento por 10T, 2S.
▸ Lembre-se de que, se necessário, pode usar um travesseiro para apoiar seus braços.

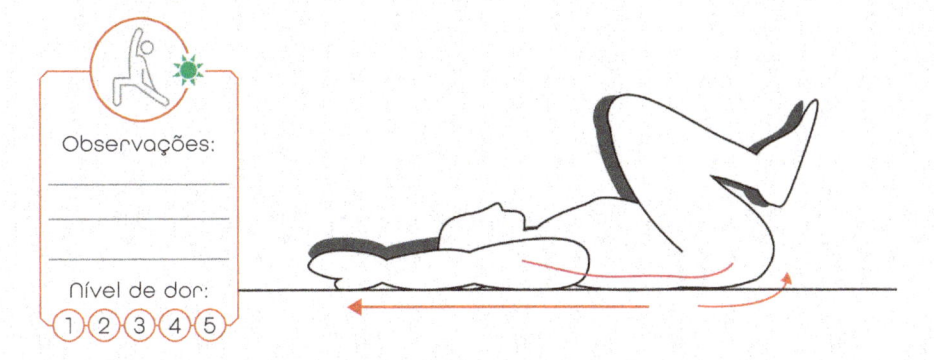

Observações:
_____
_____
_____

Nível de dor:
① ② ③ ④ ⑤

Finalize a série com a posição de relaxamento em DD. Respire lentamente por algumas vezes e prepare-se para levantar.

Exercícios pélvicos

Os exercícios são iguais aos das outras semanas, mas, a partir de agora, você poderá fazê-los em outras posições: em DD, DL, sentada ou em pé.
Lembre-se de cuidar das posições iniciais.

Exercício 1 – Trabalho da musculatura da camada superficial do assoalho pélvico

▸ Contração aproximando o púbis ao cóccix. Mantenha a contração por 3T/ relaxamento por 5T, por 10 vezes, 2S.
▸ Treine agora as contrações mais rápidas. Mantenha a contração por 1T, relaxe por 1T. Repita 10 vezes.

Exercício 2 – Trabalho da musculatura profunda do assoalho pélvico

▸ Contraia o períneo sentindo a elevação do ânus em direção ao abdome, contração por 3T/ relaxamento por 5T, por 10 vezes, 2S.
▸ Contrações rápidas, contração por 1T/relaxamento por 1T. Repita 10 vezes.

Sugestões de exercícios em pé

Pratique, junto ou separado da série, em qualquer momento do dia, conforme sua necessidade e possibilidade.

☀ Grupo especial

Em todos os exercícios em que os braços estão elevados ao lado da cabeça, se você tiver dificuldade nessa posição, trabalhe com os braços ao lado do corpo e procure fazer o alongamento da coluna pela tração da cabeça (o pescoço da tartaruga).

Exercício 1 – Mobilização do quadril em pé

▸ De costas para uma parede, encoste a coluna vertebral e o quadril e posicione a cabeça no final do alinhamento da coluna.

Atenção:
Não é necessário encostar a cabeça na parede. O importante é que a cabeça se posicione suavemente sobre o alinhamento da coluna vertebral, sem tensão excessiva no pescoço.

- Mantenha os pés paralelos a 20 ou 30 cm de distância da parede.
- Flexione os joelhos, deslizando o tronco junto da parede.
- Observe o espaço entre a região lombar (cintura) e a superfície da parede. Faça o movimento do quadril, alongando a cintura (exatamente como em DD no chão). Mantenha o alongamento por 10T e relaxe por 10T. Repita o movimento do quadril 3 vezes.
- Estenda os joelhos e desencoste da parede lentamente.

Caso sinta necessidade, posicione os pés mais para a frente e flexione mais os joelhos; será mais fácil de aproximar a região lombar da parede.

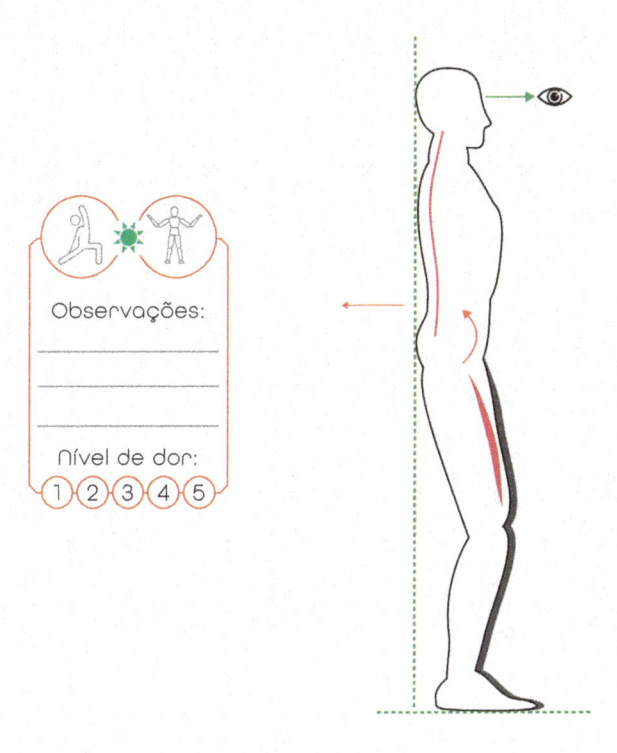

Observações:

Nível de dor:
① ② ③ ④ ⑤

- Para trazer maior estabilidade quando realiza exercícios em pé, posicione os pés paralelos, um pouco afastados, e distribua o peso do corpo sobre os dois pés.
- Flexione levemente os joelhos; com isso vai conseguir fazer o movimento do quadril, alongando a região lombar.
- Esse posicionamento vai trazer uma base estável para o empilhamento da coluna vertebral, permitindo a liberdade de movimento com a parte superior de seu corpo.

> **Atenção:**
> A cabeça apoia suavemente no final da coluna vertebral e o olhar para a frente.

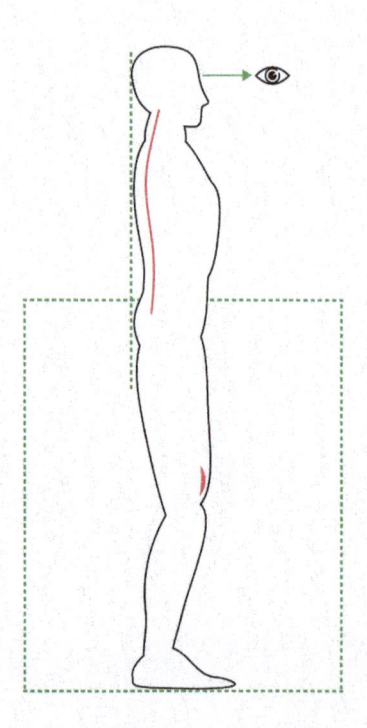

Exercício 2 – Alongamento e mobilização de toda a coluna em flexão

- Posicione-se em pé e eleve os braços ao lado da cabeça.
- Inspire e alongue os braços em direção ao teto. Expire e mantenha o alongamento por 10T.
- Inspire. Expire flexionando o tronco lentamente em direção ao chão. Relaxe a cabeça, os ombros e os braços.
- Mantenha-se em flexão por 10T.
- Suba lentamente, desenrolando a coluna até o empilhamento final.
- Repita o exercício mais 1 vez.

Atenção:
Mantenha os joelhos semiflexionados durante a flexão do tronco.

☀ Grupo especial
Passe diretamente para o exercício 3, ou substitua a posição em pé pela posição sentada no banco e faça o alongamento da coluna e a flexão do tronco nessa posição.

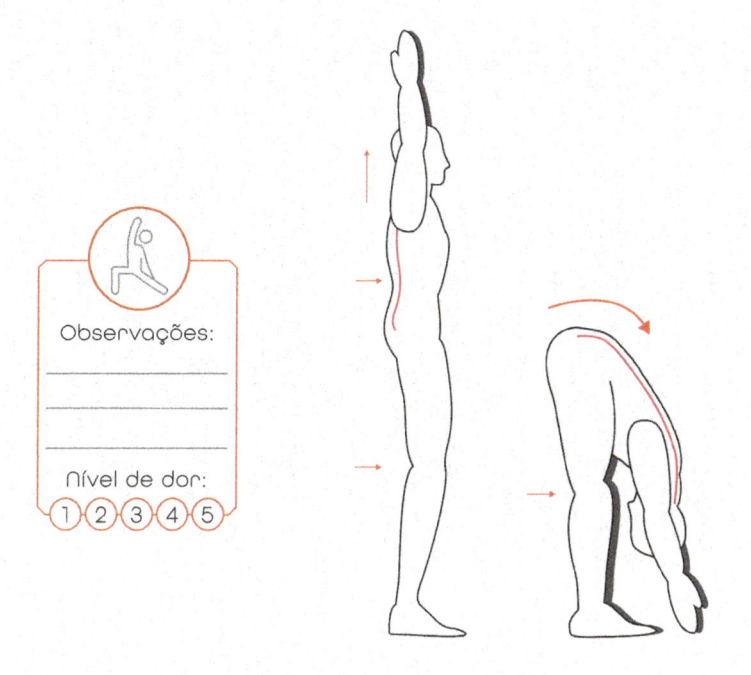

Observações:
_____
_____
_____

Nível de dor:
① ② ③ ④ ⑤

Ao final respire algumas vezes e se observe.

Exercício 3 – Mobilização dos ombros em pé

- Mantenha-se em pé, com todas as correções.
- Realize movimentos circulares com os ombros, como fez na posição sentada.

- Aproveite esse momento para sentir os pés em contato com o chão.
- Faça 10 círculos lentamente, mobilizando e relaxando os ombros e as escápulas.

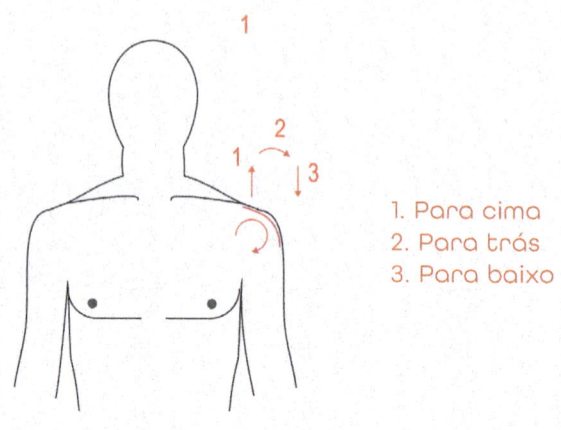

1. Para cima
2. Para trás
3. Para baixo

Retorne às suas atividades sem pressa.

> A boa postura em pé é essencial para os exercícios, mas também para nossas atividades diárias. Procure observar-se e buscar o melhor ponto de equilíbrio para seu corpo.
>
> Quando estiver em pé, você não fará as atividades com os joelhos semiflexionados, porém verifique se estão naturalmente estendidos, sem hiperextensão — dessa forma seu quadril ficará bem posicionado.
>
> Em momento algum a postura em pé exige o esforço de unir as escápulas e projetar o peito para a frente; essa contração traz excesso de tensão para a região e, por consequência, muito cansaço.
>
> Lembre-se de que o posicionamento correto virá do empilhamento da coluna vertebral a partir do quadril corretamente posicionado, pela suave tração da cabeça para cima e o relaxamento de seus ombros.

Mantenha-se em contato com o seu corpo!

VOCÊ APRENDEU NESTA SEMANA:

- » A posicionar-se corretamente em pé.
- » Exercícios na posição em pé.
- » Uma série de exercícios em DL.

Observações da semana:

– SEMANA 11 –
Exercícios em decúbito lateral, exercícios para a pelve feminina e exercícios em pé

Observações importantes

A partir do momento em que praticou os exercícios em decúbito e, posteriormente, passou a fazê-los em pé, você introduziu a grande mudança que nos caracteriza como seres humanos: a bipedestação.

A postura ereta, os movimentos e os gestos acontecem mediante o justo funcionamento do sistema musculoesquelético, que precisa se adaptar constantemente a esse equilíbrio de forças internas, externas sob a *ação da gravidade*.

Tendo o eixo da gravidade como referência, quanto mais próximo o corpo ou o segmento corporal estiver desse eixo, menor será o gasto de energia para realizar o movimento ou manter a posição.

A má postura representa um maior gasto de energia para as estruturas: ósseas, articulares e musculares. Um bom exemplo será observar e sentir o aumento do peso da cabeça à medida que se distancia do eixo central do corpo. Quanto maior a flexão da cabeça, maior a sobrecarga sobre os músculos do pescoço e dos ombros (maior o peso sobre a cervical):

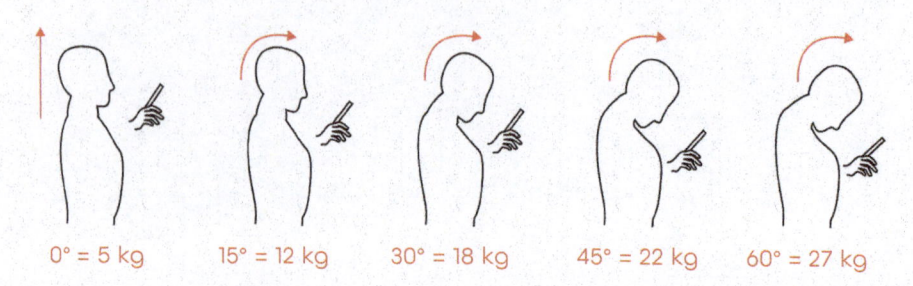

| 0° = 5 kg | 15° = 12 kg | 30° = 18 kg | 45° = 22 kg | 60° = 27 kg |

Fonte: MAZZUIA, 2017

Sobre esse assunto, você encontrará orientações posturais adicionais ao final do diário, na seção "Orientações posturais para sua rotina diária".

> ❝
> O corpo humano se organiza simultaneamente, com e contra gravidade."
>
> (PIRET; BÉZIERS, 1992, p. 29)

Não é preciso usar grande força muscular para ficar em pé, estável, mas encontrar o equilíbrio adequado.

O interlocutor principal para orientar esse sistema postural e de movimentos e tensões musculares é o *sistema nervoso*, a estrutura que permite regular a relação entre a informação que vem do ambiente, a sensação interna, a auto-organização e a execução da atividade.

Conforme treinamos, durante a execução dos exercícios, a atenção, a consciência corporal, as mudanças de tônus (relaxamento/contração), as sensações etc., estamos aprimorando a qualidade das informações que chegarão ao sistema nervoso e, como consequência, a execução de movimentos harmoniosos, eficientes e precisos.

Por consequência, quanto mais informações enviadas para o sistema nervoso, melhor será a performance corporal, aprimorando o equilíbrio e a coordenação dos movimentos, desde os mais simples aos mais desafiadores.

Por esse motivo ressalto a importância da atividade física com atenção, foco e suavidade. Para isso não existe idade, nem limites; o ser humano é capaz de aprender e aprimorar seus movimentos durante toda a vida.

Esta semana, durante a prática dos exercícios em pé, inicie sua série com uma atenção especial ao contato de seus pés com o chão. Sinta-se enraizado. A partir desse *enraizamento*, o corpo se sustenta confortavelmente, encontrando um bom ponto de equilíbrio, em que a ação da gravidade se torna um apoio, um suporte que nos promove a condição necessária para a posição em pé.

> "O enorme aparelho simbólico do ser humano
> é edificado sobre um aparelho corporal.
> O psíquico é edificado sobre o motor."
>
> (FONSECA, 2004, p. 151)

Prática da semana 11: Exercícios em decúbito lateral e alongamento em pé

Deite-se em DD e prepare-se para os exercícios. Sentindo-se pronto, flexione os joelhos e apoie os pés.

Exercício 1 — Mobilização do quadril em círculos

› Você irá praticar a mobilização do quadril para trás e para os lados e, ao final, o movimento circular do quadril.
› Faça o movimento do quadril (inclinação pélvica), que já conhece, leve a cintura para o chão e relaxe. Repita 10 vezes (= semana 1).

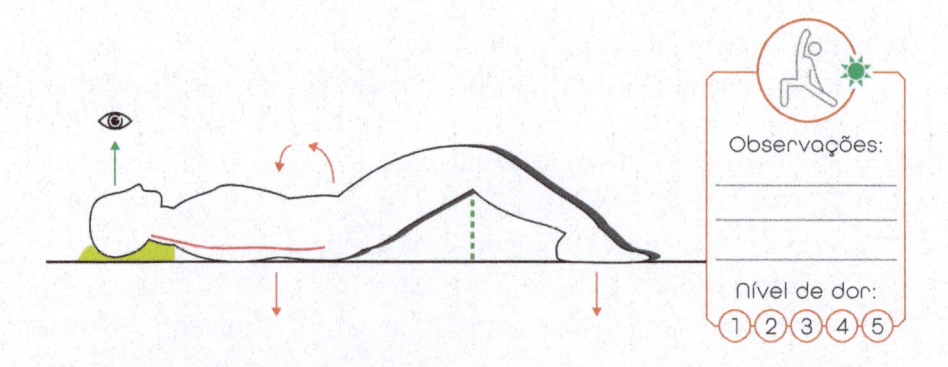

Observações:

Nível de dor: 1 2 3 4 5

› Realize o movimento do quadril para a D e para a E; um lado eleva do chão enquanto o outro se aproxima do chão — o movimento dos pratos da balança. Faça 20 vezes.

Observações:
_____
_____
_____

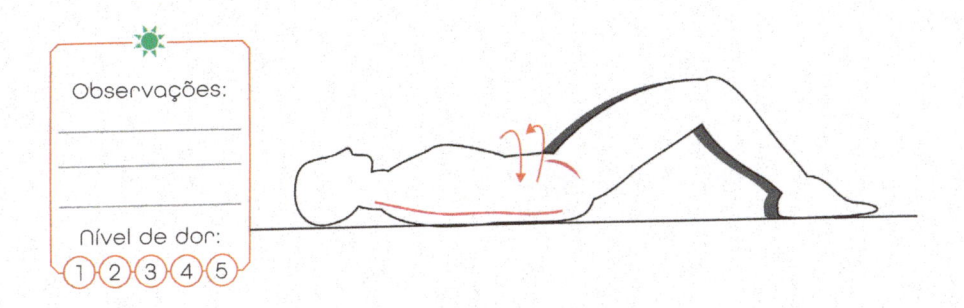

Nível de dor:
① ② ③ ④ ⑤

▸ Finalmente, combine os movimentos em sequência: para o lado D, para trás e para o lado E. Relaxe no centro e repita seguidamente, fazendo 5 círculos.
▸ Inverta a direção do movimento e faça mais 5 círculos.

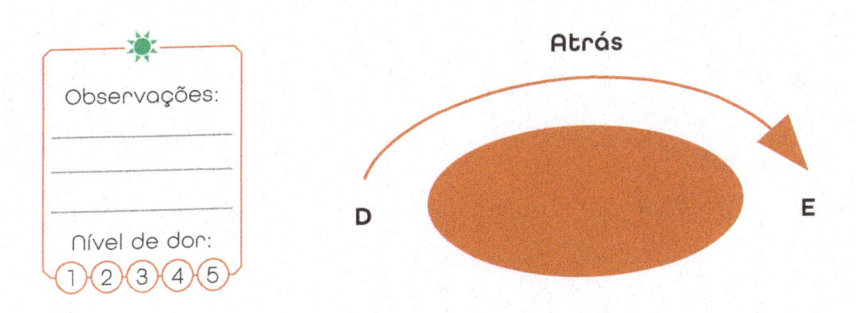

Observações:
_____
_____
_____

Nível de dor:
① ② ③ ④ ⑤

Atrás

D   E

Exercício 2 – Mobilização de toda a coluna em DD (= semana 1)

▸ Mantenha o alongamento por 10T, 2S.

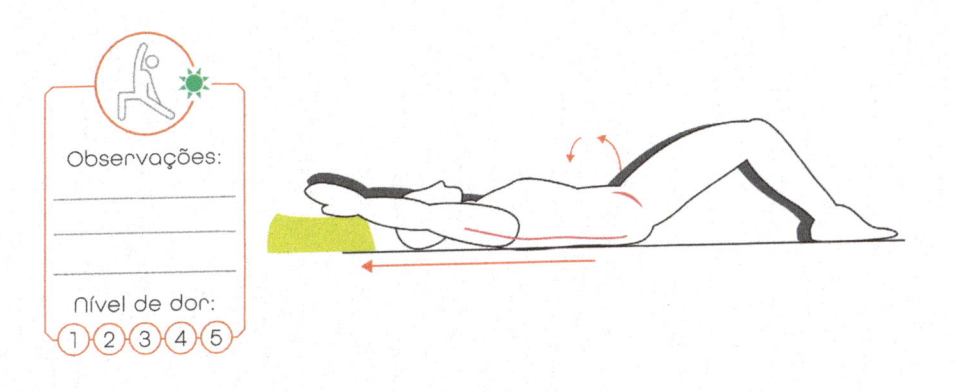

Observações:
_____
_____
_____

Nível de dor:
① ② ③ ④ ⑤

Exercício 3 – Alongamento e mobilização da região cervical (pescoço)

- Em DD, com os joelhos flexionados, os pés apoiados, a cintura próxima ao chão e os braços relaxados ao lado do corpo.
- Leve a mão D na orelha E, passando o braço acima da cabeça.
- Inspire e, quando soltar o ar, traga a cabeça lentamente para a D.

> **Atenção:**
> Incline a cabeça, mas sem girá-la, com o nariz e o olhar direcionados para o teto.

- Mantenha a inclinação da cabeça por 10T, sentindo o alongamento da lateral do pescoço. Retorne com a cabeça ao centro lentamente.
- Desça o braço D e posicione ao lado do corpo. Observe o eixo da cabeça.
- Com a mão E, inicie o movimento de inclinação para o lado E. Repita 2S.

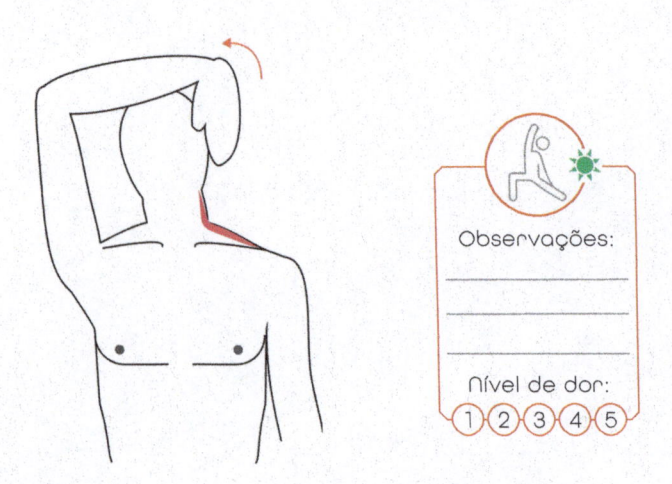

Observações:
_____
_____

Nível de dor:
① ② ③ ④ ⑤

- Observação: este exercício pode ser feito também na posição sentada. É uma boa opção quando sente a necessidade de relaxar os ombros e o pescoço.

Exercício 4 – Exercício da bicicleta, trabalho do abdome

▸ Faça o movimento de bicicleta para o centro (C) e para os lados (L).
▸ C/L/C/L/C, 10 vezes, 2S.

Observações:
_____
_____

nível de dor:
① ② ③ ④ ⑤

☼ Grupo especial

Faça o exercício do banquinho com os joelhos no abdome. C/L/C/L/C, 10T, 2S. No caso de sentir-se seguro para elevar um pouco os pés, experimente sustentar nessa posição mais avançada durante todo o exercício. Faça a mudança somente se você consegue manter a região lombar no chão.

▸ Deite-se em DL, com os joelhos flexionados, e observe o posicionamento de seu corpo.
▸ Lembre-se, a cabeça, a coluna vertebral e o quadril no mesmo alinhamento.

Exercício 5 – Trabalho com os músculos abdutores em posição lateral

▸ Eleve a perna de cima flexionada e volte. Repita esse movimento 10X + 10T.

Observações:
_____
_____
_____

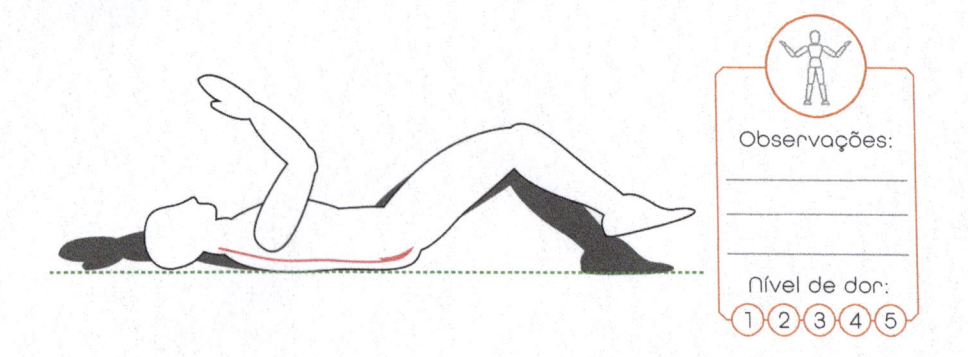

Nível de dor:
① ② ③ ④ ⑤

▸ Em seguida, estenda a perna de cima, um pouco à frente da linha do corpo, eleve essa perna e volte. Repita 10X + 10T.

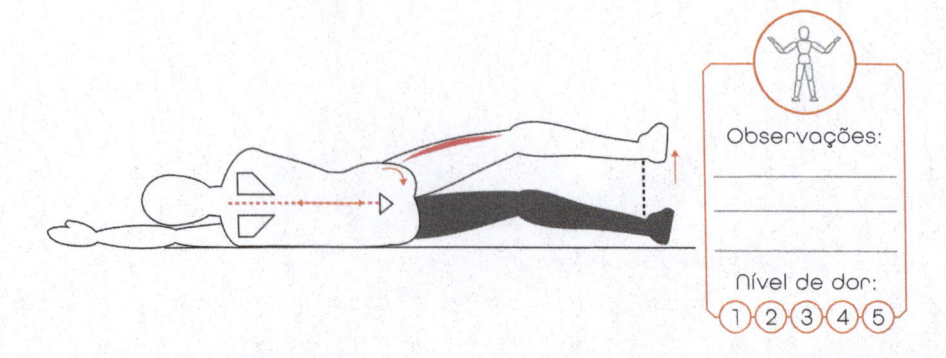

Observações:
_____
_____
_____

Nível de dor:
① ② ③ ④ ⑤

Atenção:
Mantenha a estabilidade no quadril, e não eleve mais que 30 cm.

Exercício 6 – Trabalho com os músculos adutores em posição lateral

▸ Desloque a perna de cima flexionada para a frente, deixando livre a perna de baixo.
▸ Estenda a perna de baixo, eleve e volte. Repita a elevação 10X + 10T, 2S.

Observações:
_____
_____

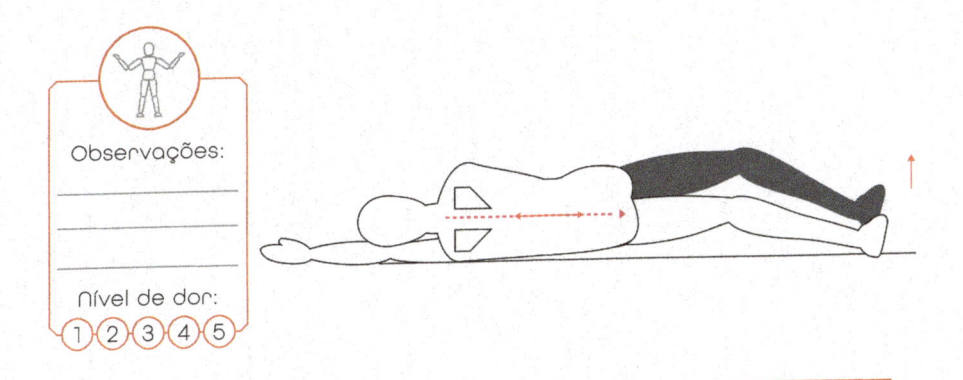

Nível de dor:
① ② ③ ④ ⑤

Atenção:
Eleve pouco do chão. Controle a elevação e a volta do movimento. Faça o movimento lentamente.

☀ **Grupo especial**
Substitua os exercícios 5 e 6 pelos exercícios com a faixa elástica e a bolinha. Faça os movimentos de afastar os joelhos e apertar a bolinha, 15X + 15T, aumente para 3S cada um.

Exercício 7 – Exercício da ponte, trabalho com glúteos (= semana 2)

› Mantenha o quadril elevado por 10T, relaxe. Repita 5S.

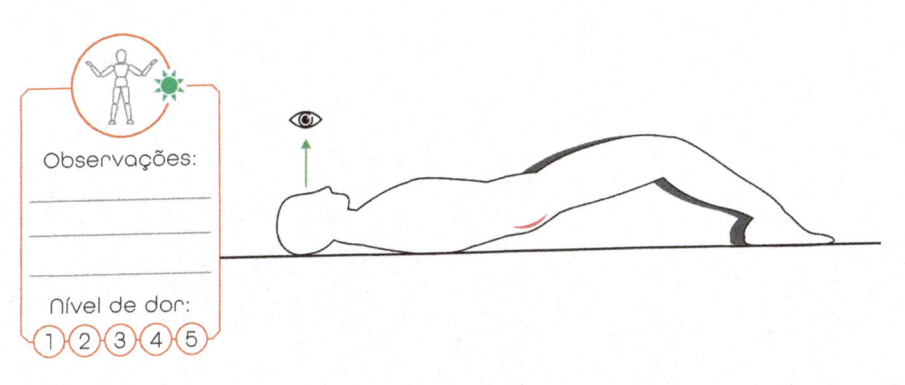

Observações:
_____
_____

Nível de dor:
① ② ③ ④ ⑤

BLOCO 3

149

Finalize sua série em posição de relaxamento. Lembrando que esse é um momento importante para relaxar e registrar suas sensações corporais. Se tiver disponibilidade, acesse as sugestões do capítulo "Momento de relaxamento" (mais à frente neste livro), e termine sua série de exercícios com essa prática. Lembre-se: levante lentamente até a posição em pé.

Exercícios pélvicos femininos

Nesta semana, escolha a posição para a prática dos exercícios. Poderá ser sentada em um banco ou cadeira, em DD, em DL ou em pé. Por meio das mudanças de posição, os exercícios trabalharão o assoalho pélvico com maior ou menor intensidade.

Exercício 1 – Trabalho dos músculos da camada superficial do assoalho pélvico

- Faça a contração do períneo, aproximando o púbis ao cóccix.
- Mantenha por 4T em contração/5T em relaxamento, 10 vezes.
- Treine agora contrações mais rápidas. Mantenha a contração por 1T, relaxe por 1T. Repita 10 vezes, 2S.

Exercício 2 – Trabalho dos músculos da camada profunda do períneo

- Contraia o períneo sentindo a elevação do ânus, mantenha por 4T em contração/5T em relaxamento, 10 vezes.
- Contrações rápidas, 1T contração/1T relaxamento. Repita 10 vezes, 2S.

Exercícios em pé

Antes de iniciar os exercícios em pé, lembre-se de distribuir igualmente o peso nos dois pés, e por todo o pé. Pense na imagem de enraizamento e do empilhamento confortável. Deixe a respiração fluir livremente e, depois de alguns minutos, inicie os exercícios.

Exercício 1 – Mobilização torácica e alongamento de toda a coluna em pé

> ☀ **Grupo especial**
> Passe direto para o próximo exercício.

▸ Posicione-se com todas as correções para a posição em pé, em frente a uma parede, e a uma distância de 50 a 60 cm.
▸ Levante os braços e flexione o tronco apoiando suas mãos na parede.

> **Atenção**
> Nesse ponto mantenha a posição do quadril corrigida.

▸ Inspire e, quando soltar o ar, pressione levemente o tórax em direção ao chão. Mantenha a pressão por 10T e relaxe por 10T. Inspire novamente e expire repetindo a pressão por mais 10T.
▸ Lentamente, flexione o tronco e relaxe a cabeça, os ombros e os braços em direção ao chão. Mantenha a flexão por 10T e suba desenrolando a coluna.
▸ Repita mais 1S.

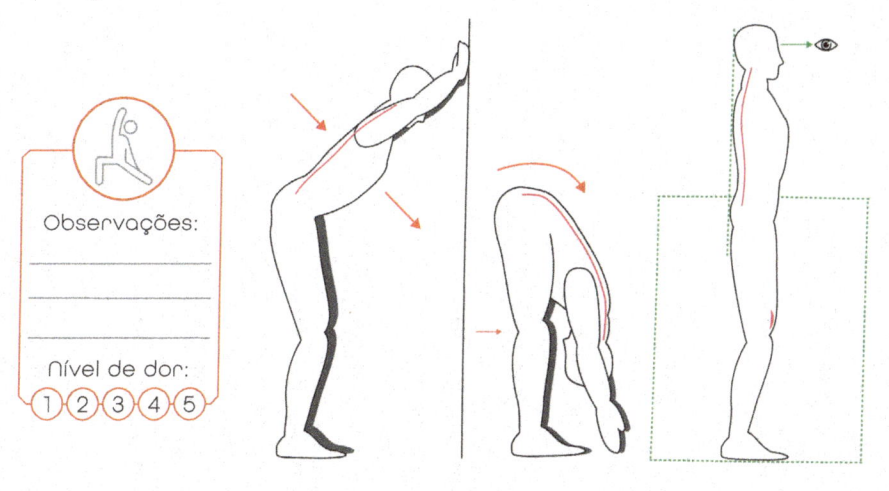

Observações:
_____
_____
_____

Nível de dor:
① ② ③ ④ ⑤

Exercício 2 — Alongamento de toda a coluna no centro e nas laterais do tronco

> ☀ **Grupo especial**
> Se tiver dificuldade para a posição dos braços, trabalhe com eles ao lado do corpo. Procure fazer o alongamento da coluna pela tração da cabeça (o pescoço da tartaruga).

- A partir da posição em pé, com joelhos semiflexionados, corrija o quadril e eleve os braços em direção ao teto.
- Alongue seus braços com as mãos unidas em direção ao teto. Mantenha o alongamento por 10T.
- Relaxe, sem descer os braços. Na sequência, segure com a mão D, o punho E. Tracione o tronco para cima e para a D. Mantenha esse alongamento por 10T. Centralize os braços; agora a mão E segura o punho D e traciona seu tronco para cima e para a E. Mantenha por 10T. Centralize os braços e os relaxe ao lado do corpo.

Atenção:
» Joelhos semiflexionados e quadril em posição corrigida durante todo o exercício
» O movimento é em diagonal; não é uma curva total para o lado.

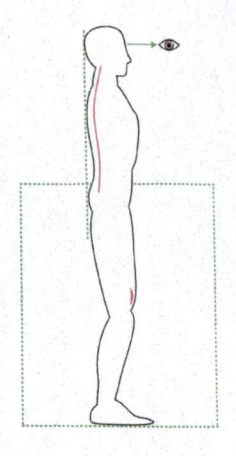

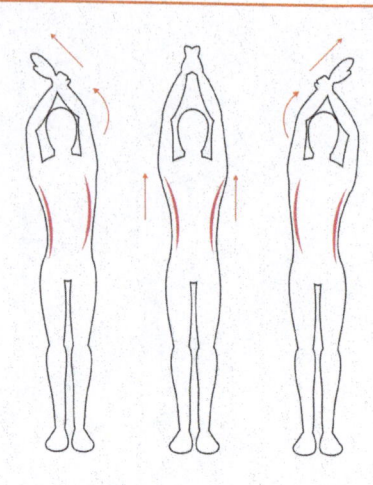

Observações:
_____
_____

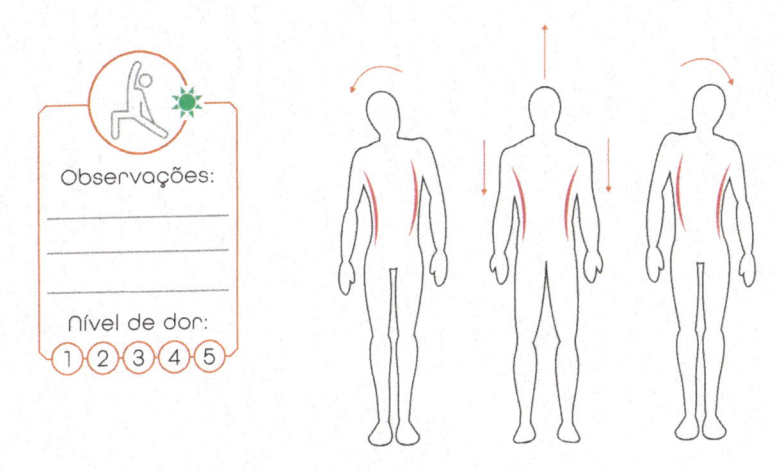

Nível de dor:
① ② ③ ④ ⑤

Exercício 3 – Mobilização e relaxamento da região cervical (pescoço)

▸ Este exercício pode ser feito em pé, em posição sentada e em DD (= semana 10).
▸ Posicione-se em pé e lembre-se de relaxar os joelhos e alongar a região lombar; sinta a pequena contração da região inferior do abdome para manter a posição.
▸ Como fez em DD, na semana 10, tracione seus ombros para baixo, distanciando os ombros das orelhas. Mantenha por 10T e relaxe.
▸ Repita mais uma vez a tração e, agora, vire a cabeça lentamente para o lado D. Mantenha a posição por 10T e relaxe no centro. Vire a cabeça para o lado E. Mantenha por 10T e relaxe no centro.
▸ Com a cabeça centralizada, repita o movimento dos ombros para baixo 10 vezes. Relaxe.

Atenção:
Quando virar a cabeça, mantenha o queixo na mesma altura.
Seus olhos acompanham o movimento da cabeça.

Observações:
_____
_____
_____

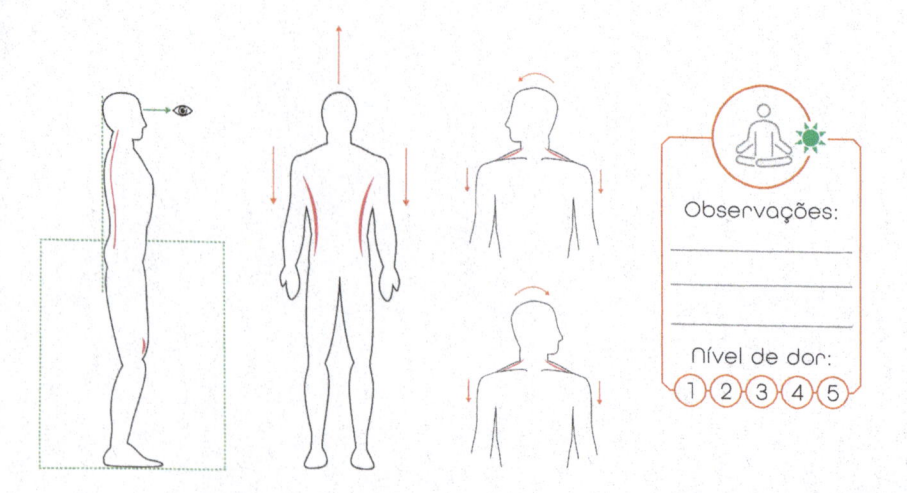

Nível de dor: ① ② ③ ④ ⑤

> Finalize com os olhos fechados, percebendo seu corpo e com algumas respirações prolongadas. Abra os olhos e retorne às suas atividades lentamente.

VOCÊ APRENDEU NESTA SEMANA:

» Mobilização da região lombar (círculos), da região cervical (inclinação da cabeça) e região torácica (em pé).
» Sequência de exercícios, em DL, para músculos abdutores e adutores do quadril.
» Sequência de exercícios em pé.

Observações da semana:
_____
_____
_____
_____
_____
_____
_____

– SEMANA 12 –
Revisão das semanas 9, 10 e 11

– FICHA 1 –
Alongamentos/mobilizações

☀ Atrás D → E	Mobilização do quadril em círculos: D/chão/E e ao contrário. 5 círculos em cada sentido.	
☀	Descer os ombros (para os pés). 10X + 10T, 2S.	
☀	Ombros para baixo e virar a cabeça, para D e E. 10T, 2 vezes para cada lado.	

BLOCO 3

	Alongamento da coluna pela cabeça, com as mãos. 10T, 2 vezes.	
	Alongamento da coluna pela cabeça, sem as mãos. 10T, 2 vezes.	
	Alongamento do pescoço/ombro, a mão D na orelha E, inclinar a cabeça. 2 vezes para cada lado, 10T.	
	Mobilização do quadril, em DL. 10X + 10T.	
	Alongamento da região anterior da coxa por 10T, 2S.	
	Alongamento da coluna toda, com os pés apoiados. 10T, 2S.	

— FICHA 2 —
Trabalho muscular

	Alongamento da coluna toda com os joelhos no abdome. 10T, 2S.	
	Mobilização de escápulas com os braços em cruz. 10T, 2 vezes de cada lado.	
	Banquinho, C/L/C/L/C. 10T, 2S. ☀ **Grupo especial** Joelhos no abdome.	
	Ponte. 10X + 10T 2S.	
	DL, elevar perna de cima flexionada. 10X + 10T. ☀ **Grupo especial** Substitua pelo elástico. 15x + 15T.	

	DL, elevar perna de cima estendida. 10X + 10T.	
	Elevar a perna de baixo com o joelho estendido. 10X + 10T. ☀ **Grupo especial** Substitua pela bolinha. 15X + 15T.	
	Em posição bicicleta, C/L/C/L/C. ☀ **Grupo especial** Passe direto para o relaxamento.	
	Relaxamento em DD, faça 5 respirações lentas.	

— FICHA 3 —
Exercícios em pé

☀	Mobilização do quadril na parede. Alongar a região lombar. 10T, 3S.	
	Alongue os braços para cima. Mantenha por 10T. Flexione o tronco (joelhos semiflexionados) por 10T. ☀ **Grupo especial** Substitua fazendo o mesmo exercício sentado/a no banco	
☀ 1. Para cima 2. Para trás 3. Para baixo	Círculos com os ombros. 10 vezes, 2S.	

	Incline na parede e leve o tórax em direção ao chão. 10T, 2S. Ao final, flexione o tronco. Relaxe por 10T e suba lentamente.	
	Alongamento no centro e diagonal para o lado D e para o lado E. 10T em cada posição 2S. **☀ Grupo especial** Faça sem subir os braços.	
	Trazer os ombros e braços para baixo: 10T. Virar cabeça para D: 10T. Virar cabeça para E: 10T. Relaxe no centro.	

AVALIANDO O BLOCO 3

Data final: _____

Realização das metas principais:
_____
_____
_____
_____
_____
_____
_____
_____
_____

Realização das metas secundárias:
_____
_____
_____
_____
_____
_____
_____
_____
_____

Satisfação com o aproveitamento: ① ② ③ ④ ⑤

Finalizando seu diário

Retorne à sua auto-observação inicial. Recorde suas anotações e faça uma nova análise de sua postura, considerando a coluna vertebral, os ombros, a cabeça, o abdome, os joelhos e os pés.

Mudanças observadas:
_____
_____
_____
_____
_____
_____
_____

Posso melhorar:
_____
_____
_____
_____
_____
_____
_____

Leia novamente suas observações sobre dores, hábitos e medicamentos. Havendo mudanças, anote neste espaço:
_____
_____
_____
_____
_____
_____
_____

Faça novamente seu mapa de dores e tensões:

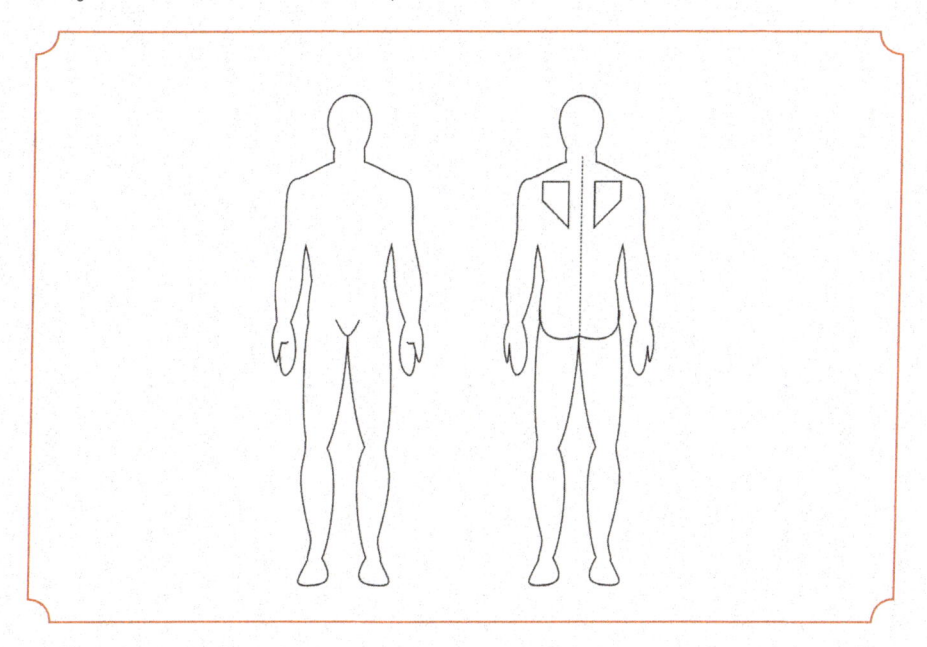

Analise seus resultados e direcione os exercícios e/ou atividades futuras com base nessas informações.

Anote suas conclusões e novos projetos para seguir o trabalho de desenvolvimento pessoal:

_____
_____
_____
_____
_____
_____
_____
_____
_____
_____

Tenha em mente que 3 meses é um período bastante curto para muitas mudanças corporais. Considere continuar por um período adicional.

Parabéns, você concluiu seu Diário do Movimento! Mas, como a vida não para, o movimento também não. A seguir você encontra orientações para dar continuidade aos seus exercícios.

MOMENTO DE RELAXAMENTO

Neste espaço você encontra sugestões para momentos de relaxamento. Sinta-se livre para fazer as atividades quando quiser.

As pessoas que sentem dores e tensões musculares experimentarão os benefícios de introduzir o relaxamento em suas atividades diárias.

Automassagem na cabeça

Posição de relaxamento:

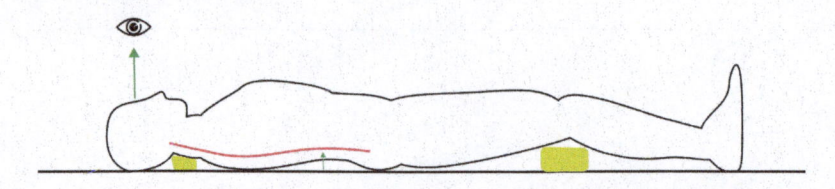

- Se desejar, feche os olhos. Faça 5 respirações profundas e relaxe seu corpo no chão.
- Observe e registre as regiões que estão mais contraídas. Procure soltá-las e, com isso, sinta seu corpo repousando suavemente no chão.
- Role lentamente a cabeça para a direita e a esquerda, relaxando a região cervical (pescoço).
- Centralize a cabeça, posicionando-a no final do alinhamento de sua coluna vertebral.

Agora, massageie (*com delicadeza*) os pontos indicados no desenho:

› **Ponto 1:** leve as pontas dos dedos de uma das mãos entre suas sobrancelhas e faça movimentos circulares 10 vezes em cada direção.

› **Ponto 2:** posicione a mão D ou E, com os dedos afastados, no início do couro cabeludo até o topo da cabeça. Massageie o couro cabeludo, com movimentos de pequenos círculos com as pontas dos dedos, 10 vezes em cada direção.

› **Ponto 3:** esse ponto só é possível para a automassagem sentado. Se estiver em DD, passe direto para o ponto 4. Desça os dedos, ainda afastados, na mesma linha do ponto 2, em direção à parte posterior da cabeça, chegando quase à base da cabeça. Massageie 10 vezes em cada direção, sempre mobilizando suavemente o couro cabeludo.

› **Ponto 4:** nesse ponto, trabalhe a região temporal. Com as pontas dos dedos abertos das mãos D e E, sobre a lateral da cabeça, acima das orelhas, faça círculos, 10 vezes em cada direção.

› **Ponto 5:** posicione seus dedos, afastados, na região atrás das orelhas. Massageie em círculos, 10 vezes em cada direção.

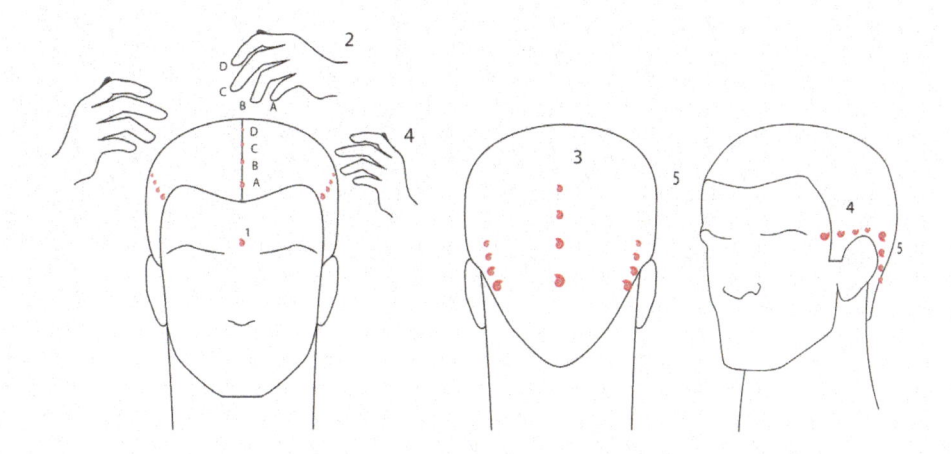

Finalize apoiando suavemente suas mãos em conchas sobre seus olhos, sem pressioná-los, relaxe toda a musculatura ao redor dos olhos e conte 10T. Retire suas mãos e faça algumas respirações profundas.

> "A respiração é nossa energia vital, o motor que aciona nosso ser. Todas as nossas ações dependem da qualidade de nossa respiração e de como ela circula no corpo."
>
> (TULKU, 2019, p. 65)

O relaxamento pode ser feito em um ambiente tranquilo, em sua casa, mas também pode ser um bom recurso para um momento agitado do dia, sentado em seu trabalho, como uma pausa.

Observações do momento de relaxamento:
_____
_____
_____
_____

A respiração

> "A respiração consciente lhe ensina que seus estados mentais mais intensos se refletem no corpo na forma de sensações físicas. Esteja consciente dessas sensações. Cada uma delas é uma mensagem."
>
> (PENMAN, 2018, p. 91)

Nosso principal músculo respiratório é o diafragma. Em formato de cúpula, como um guarda-chuva invertido, ele se prende nas costelas inferiores e separa o tronco em duas partes.

Na inspiração, o diafragma desce, as costelas se abrem e o pulmão se expande. Na expiração o diafragma relaxa, as costelas voltam à posição normal e o ar chega livre ao exterior.

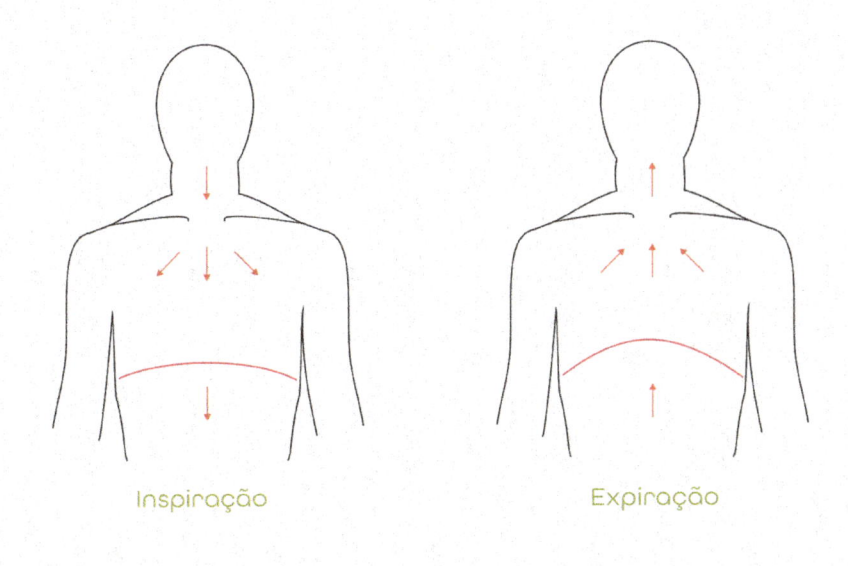

Inspiração | Expiração

Por causas anatômicas, fisiológicas e emocionais, alterações respiratórias e posturais caminham juntas.

Deite-se em DD, em posição de relaxamento:

› Faça um percurso pelo seu corpo, iniciando de baixo para cima, percebendo as regiões mais tensas e ao mesmo tempo procure relaxá-las. Inicie nas pontas dos pés, subindo pelos membros inferiores, quadril, cintura, tórax, escápulas, membros superiores até os dedos das mãos, volte ao tórax, continue pelos ombros, pescoço e cabeça (rosto).

› Leve sua mão sobre o abdome e acompanhe o movimento da região durante a respiração. Pense no movimento do diafragma, que sobe e desce. Associe ao movimento de uma onda, que vem e vai, e, aos poucos, deixe esse movimento bem profundo e lento. Procure contar, mentalmente, 5 tempos para a inspiração e 7 tempos para a expiração. Repita essa respiração por 5 vezes. Retorne o braço ao lado do corpo e respire normalmente.

› Nesse momento, abra os braços em cruz, flexione os joelhos um de cada vez e apoie os pés. Aproveite a posição para relaxar a região lombar sem nenhuma correção; apenas relaxe a cintura em direção ao chão.

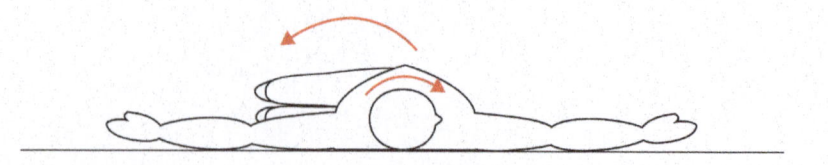

› Lentamente, solte as duas pernas juntas para o lado E em direção ao chão (grupo especial: sobre a almofada) e permaneça na posição, relaxando e permitindo o alongamento que a posição promove.

> ☀ **Grupo especial**
> Coloque um travesseiro ou uma almofada alta lateralmente para apoiar as pernas; assim, o corpo faz uma torsão menor. Relaxe as pernas sobre o travesseiro/almofada.

› Procure direcionar a respiração para todo o lado D, que está sendo alongado. Quando inspirar, abra as costelas e o abdome no lado D e, ao expirar, somente relaxe. Faça 5 respirações lentas e profundas direcionadas para essa região e lentamente centralize as pernas.

› Com o tronco centralizado, compare as sensações entre os lados. Observe se é possível respirar mais livremente no lado que foi alongado. Registre suas sensações.

› Prepare-se para repetir toda a sequência, virando as pernas para a D.

> ☀ **Grupo especial**
> Mude a almofada para o outro lado.

- Faça 5 respirações lentas, direcionadas para o lado E do abdome e do tórax. Retorne ao centro e observe novamente. Registre suas sensações.
- Lentamente, retorne à posição de relaxamento, com uma almofada embaixo dos joelhos. Solte todo o corpo no chão.
- Quando sentir-se pronto, prepare-se para levantar.

Experimente no decorrer do dia, entre as atividades, fazer algumas respirações profundas e prolongadas, percebendo o movimento diafragmático. Essa parada revigora e descansa o seu mundo mental.

A respiração é uma das poucas funções fisiológicas que podem ser voluntárias e/ou automáticas.

> "No momento da primeira respiração nossa alma, como em um 'voo alado', entra em nosso corpo, estabelecendo uma ponte entre alma e corpo, entre o anímico e o corpóreo. No momento em que morremos, tal ligação se interrompe, quando expiramos pela última vez, expiramos também nossa alma."
>
> (HASSAUER, 1987)

Automassagem na cabeça

Posição de relaxamento:
- Deite-se confortavelmente em DD e alinhe seu corpo e sua cabeça.
- Feche os olhos e respire lentamente. Relaxe seu corpo no chão.
- Role a cabeça para o lado D e o lado E, descontraindo a região cervical (pescoço).
- Centralize sua cabeça, posicionando-a no final do alinhamento de sua coluna vertebral.

Nesse momento de seu relaxamento, você irá massagear os pontos relacionados à articulação temporomandibular (mastigação), à cabeça, ao pescoço e aos ombros.

- **Ponto 1:** com as pontas dos dedos das mãos unidas, uma mão em cada lado de suas têmporas, faça movimentos circulares suaves por 10 vezes em cada direção.
- **Ponto 2:** experimente fazer o movimento de abrir e fechar a boca e sinta, com as pontas dos dedos, o local que se move durante esse movimento. Ele está localizado próximo ao seu ouvido. Esse é o ponto das articulações temporomandibulares (ATMs). Essas articulações, uma de cada lado de seu rosto, são responsáveis pelo movimento de abertura e fechamento da boca e, portanto, também pela mastigação. Coloque a ponta de seus dedos das mãos D e E, sobre a região da articulação, e faça círculos, massageando suavemente 10 vezes em cada direção.

> **Atenção:**
> Mantenha os lábios unidos e retire qualquer pressão sobre as arcadas dentárias; elas se tocam sem apertar.

- **Ponto 3:** palpando o seu maxilar inferior ou mandíbula, procure um ponto no qual esse osso forma um ângulo; agora aperte os dentes com a boca fechada e perceba a contração da musculatura na região. Leve as pontas dos dedos de cada mão a esse ponto e faça círculos massageando sobre essa musculatura, 10 vezes em cada direção.

> **Atenção:**
> No momento da massagem, permaneça com os maxilares relaxados.

- **Ponto 4:** palpe a frente de seu pescoço; você perceberá dois músculos fortes, que formam um V. Com os dedos, acompanhe esse músculo em direção à base da cabeça. Um pouco antes de chegar à base óssea da cabeça, pare e massageie suavemente essa região, em movimentos de círculos, 10 vezes em cada direção.
- **Ponto 5:** leve a sua mão D, pela frente do corpo, e apoie sobre o ombro E. Afaste os dedos da mão e os espalhe por todo o ombro. Comece posicionando o indicador bem junto ao pescoço e apoie os demais dedos. Pressione as pontas dos dedos simultaneamente, conte até 10 e permita que os tecidos sob seus dedos relaxem. Retire a pressão, abaixe o braço e descanse. Repita mais 1 vez.
- Respire lentamente enquanto observa e compara a sensação em seus ombros.
- Repita a massagem completa com a mão E no ombro D.

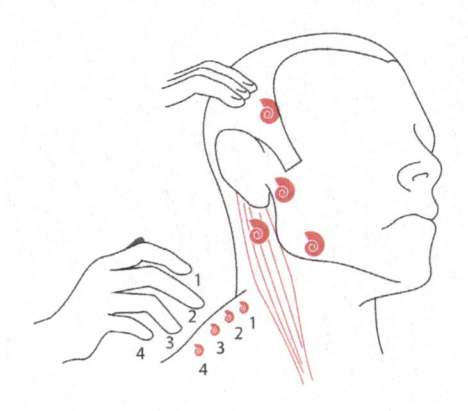

Finalizando a automassagem, relaxe os braços ao lado do corpo e observe a região trabalhada. Volte a rolar a cabeça para os lados. Movimente-se espreguiçando todo o corpo e levante-se devagar.

Lembre-se: a automassagem na cabeça deverá ser suave, lenta e sem pressa. Se você tiver algum sintoma importante na região, consulte antes seu médico/ou dentista.

Caso sinta tensão no rosto ou cabeça durante o dia, mesmo sentado, faça a massagem para trazer aos músculos a memória de relaxamento. Observe também se os maxilares estão relaxados.

Assinale seus pontos mais sensíveis quando pressionados.

Observações do relaxamento:

ORIENTAÇÕES POSTURAIS PARA SUA ROTINA DIÁRIA

① Posição para dormir

Observe as melhores posições para dormir: DL e DD, considerando a altura do travesseiro e o conforto do colchão.

Em DD, posicione um travesseiro baixo, apoiando a cabeça e a região cervical. Utilize também um travesseiro sob os joelhos para relaxar a região lombar.

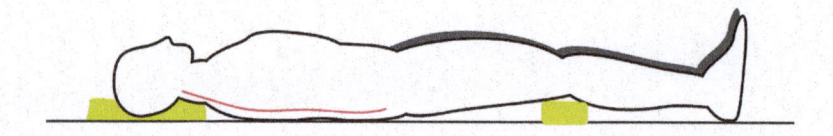

Em DL, posicione-se alinhando a cabeça e a coluna vertebral. O travesseiro deverá ter a altura de seu ombro. Escolha um colchão que mantenha sua coluna alinhada e com o qual, ao mesmo tempo, você sinta conforto. Posicione um travesseiro entre os joelhos, assim você relaxa também a lateral da coxa e do quadril.

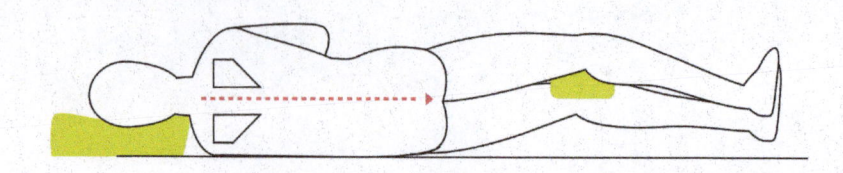

② Sentado trabalhando no computador

Sempre que você estiver sentado, procure manter-se o maior tempo possível sobre os ísquios. Sente-se no fundo do assento da cadeira ou da poltrona e mantenha a coluna alongada.

Não permaneça sentado por muitas horas. Movimente-se a cada hora, fique em pé, caminhe, beba água etc.

É importante observar, para um bom posicionamento quando trabalhar sentado com o computador, seja computador de mesa ou *notebook*, ou qualquer outro dispositivo eletrônico, os seguintes aspectos:

- O monitor deve ficar pouco abaixo do eixo visual horizontal e, no mínimo, a um braço de distância.
- No caso de pessoas que fazem uso de lentes corretivas para trabalhar no computador, estas devem estar adaptadas a essa distância, para não gerar tensões no rosto e/ou região cervical (pescoço).
- A cadeira de trabalho pode ter descanso para os braços na altura do cotovelo, ou apoie os braços sobre a mesa, caso esta tenha altura confortável para esse apoio.
- Se você utiliza um *mouse*, mantenha o punho relaxado em posição neutra.
- Observe o ângulo de 90° nos cotovelos, quadril e joelhos.
- Mantenha a coluna totalmente encostada no final da cadeira, buscando sentar-se sobre o ponto de apoio dos ísquios.
- Algumas pessoas precisam fazer a correção da região lombar várias vezes enquanto estão sentadas. Verifique se este é o seu caso.
- O assento da cadeira deverá estar à altura das pernas até o início dos joelhos.
- Os pés devem ficar totalmente apoiados no chão.
- Caso trabalhe com o *notebook* por muitas horas, sempre que possível, utilize um apoio para elevá-lo e também um teclado separado. Dessa forma, a sobrecarga sobre a região cervical é atenuada.

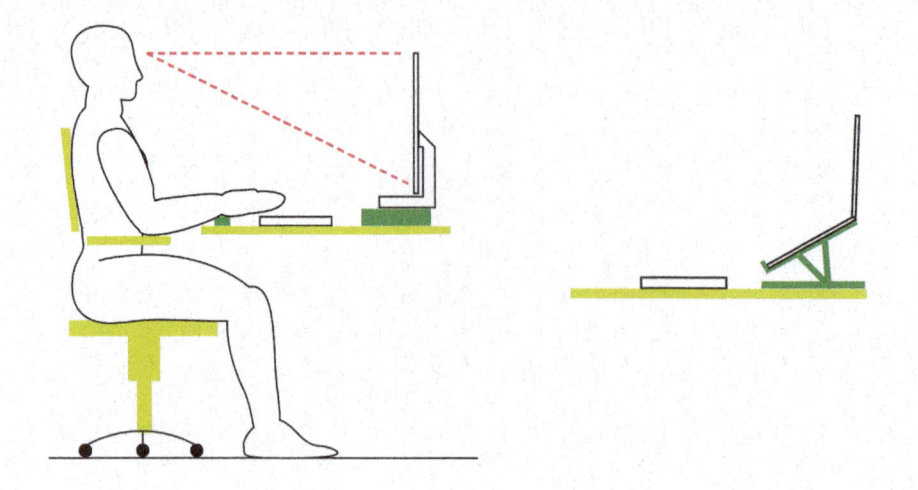

Posição de conforto para mão e punho no teclado:

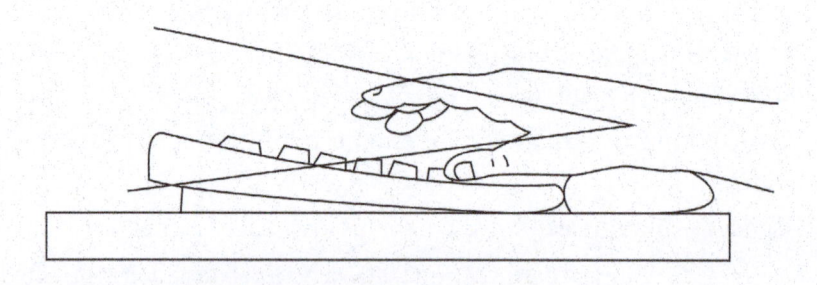

Fonte: adaptado de Brandimiller, 2008, p. 45.

③ Sentado assistindo à televisão

Posicione a TV diretamente em frente à cadeira do espectador.

A televisão deverá estar na altura dos olhos de quem a assiste.

Dessa forma, com a cabeça e o pescoço na vertical, a tela da televisão estará na zona de conforto visual.

A instalação da TV em suportes altos ou no teto não é aconselhável.

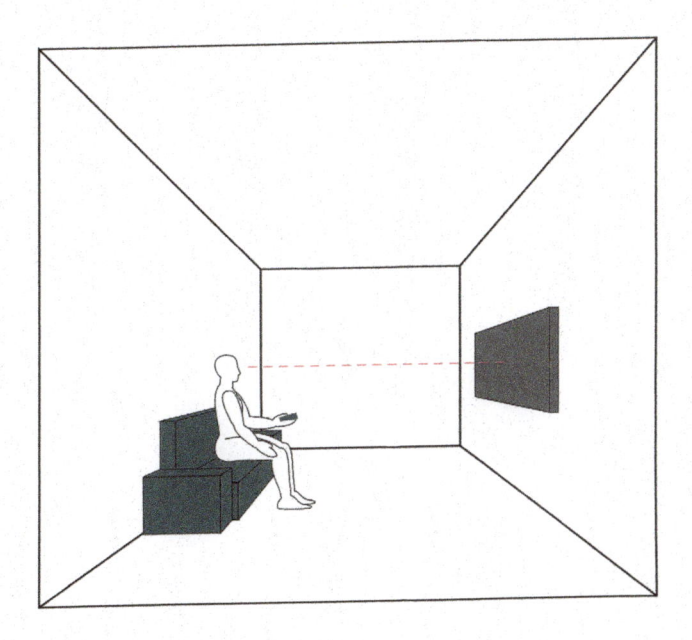

Fórmula para o espaço ideal entre TV e sofá:

1. Meça a diagonal da tela (em polegadas).
2. Multiplique por 2,5.
3. Converta para metros.

④ Cuidados com o pescoço ao usar um aparelho eletrônico

Observe a importância do posicionamento da cabeça quando você está usando um aparelho eletrônico. O peso da cabeça aumenta à medida que você a abaixa, indo de 5 kg até 27 kg.

Essa situação ocorre no uso de *smartphones*, *tablets*, *notebooks*, em posição sentada ou em pé.

O peso excessivo da cabeça causará sobrecarga em toda a musculatura do pescoço e dos ombros. A musculatura da base do crânio, em especial, será submetida a um estiramento e, ao mesmo tempo, a uma contração para qual não está preparada.

As mais comuns são lesões nas estruturas cervicais e dores no pescoço, nos ombros e/ou cefaleias.

Essas alterações e sintomas são conhecidos como "síndrome do pescoço de texto".

Quanto maior a inclinação da cabeça, maior o peso sobre a cervical:

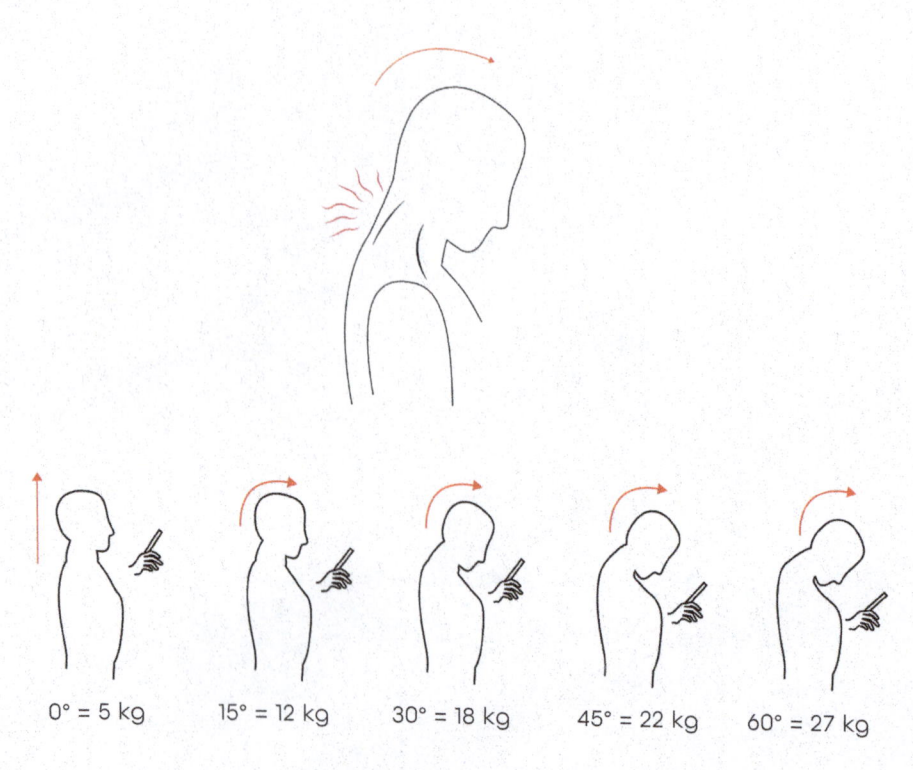

0° = 5 kg   15° = 12 kg   30° = 18 kg   45° = 22 kg   60° = 27 kg

Fonte: adaptado de Mazzuia, 2017.

O cuidado com a ergonomia de seu ambiente de estudo, de trabalho, ao assistir à TV, e também bons hábitos posturais e a prática de exercícios, alongamentos, relaxamentos poderão atenuar esses fatores prejudiciais relacionados à vida sedentária.

Os exercícios sugeridos no diário, gerais e localizados, poderão contribuir para a prevenção da síndrome do pescoço de texto. Em caso de sintomas relacionados, procure orientação com um profissional da área.

Observe as posições geradoras de tensão no pescoço e nos olhos.

⑤ Transporte de sacolas e bolsas

O transporte de sacolas e bolsas, sempre que possível, deverá ser feito em dois volumes; dessa forma o peso ficará dividido nos dois lados de seu corpo.

Procure carregar o menor conteúdo possível em sua bolsa. Sendo uma carga unilateral, causa esforço e tensões em um ombro e sobre um lado da coluna vertebral. Não esqueça de alternar os lados.

Mantenha as mochilas sempre apoiadas sobre os dois ombros.

6 Orientações para os calçados

Observe como fica nosso corpo quando usamos um calçado de salto alto:

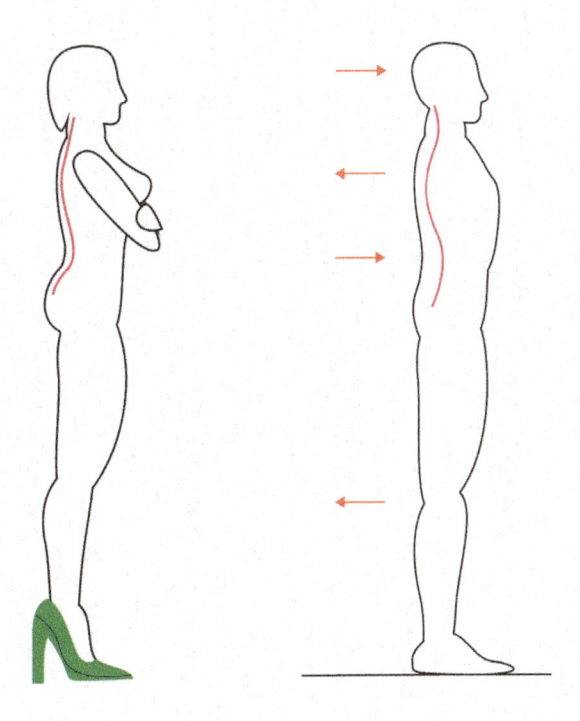

- Caso o uso de salto seja uma necessidade profissional, escolha de preferência um calçado confortável, com salto de até 4 ou 5 cm, não muito fino na ponta. Procure uma forma com espaço para os dedos e, sempre que possível, caminhe para ativar a circulação. Em casa, repouse com as pernas para cima, faça movimentos circulares com os tornozelos.
- Procure deixar os saltos mais altos e com pontas finas para eventos esporádicos.
- Com o uso contínuo de salto alto e/ou forma de bico fino, será grande a possibilidade de você desenvolver deformidades (joanetes, calos etc.) e dores crônicas nos pés.

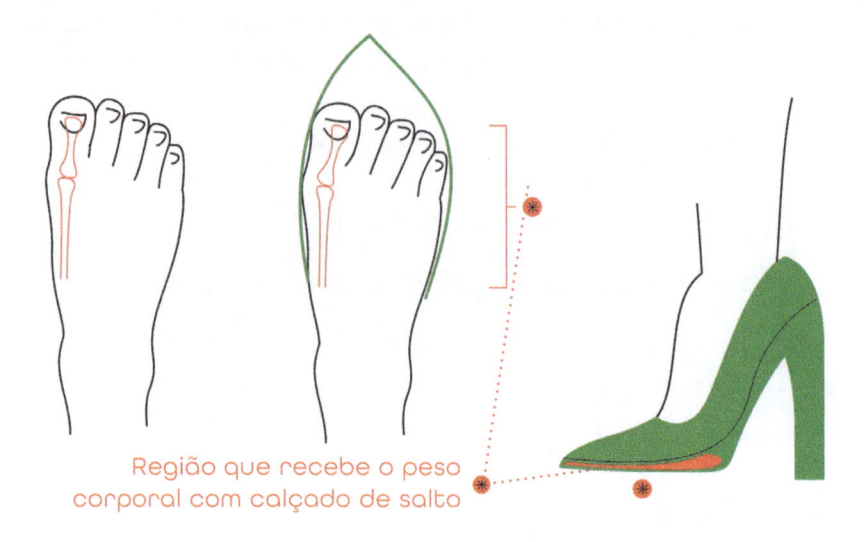

Região que recebe o peso corporal com calçado de salto

- Usando sapatos com salto alto, o peso do corpo recairá em uma área muito pequena dos pés, na região dos dedos e em um ponto no centro dos calcanhares. Como consequência, haverá sobrecarga e instabilidade das articulações dos tornozelos e dos pés.
- A diminuição de estabilidade e equilíbrio é evidente nessa situação, aumentando o risco de lesões graves nos tornozelos e possibilidade de quedas.

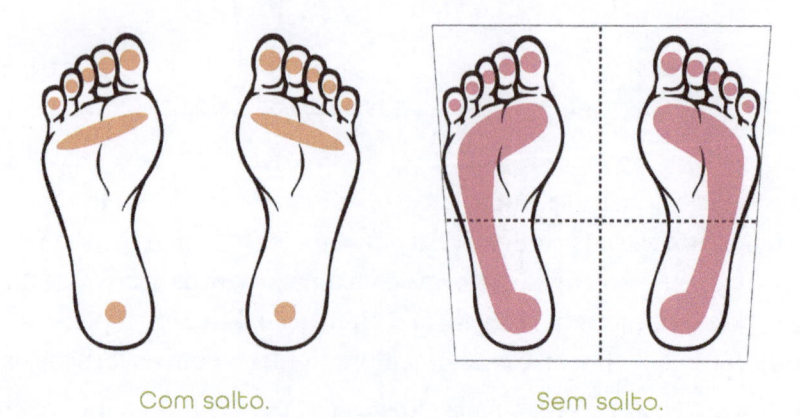

Com salto.

Sem salto.

Área de apoio de peso corporal

- O calçado inadequado poderá também ser a causa de dores lombares e/ou nos joelhos. Observe como o uso do salto alto causa a transferência do peso corporal para a frente, aumentando a lordose lombar e a tensão sobre os joelhos.
- Se não puder evitar o uso de salto alto, procure compensar com massagens nos pés, fazendo movimentos de abrir e fechar os dedos dos pés, para manter a mobilidade dos tecidos. Procure fazer com frequência o alongamento da musculatura da panturrilha.
- Em deslocamentos, como sair para o almoço ou ir ao trabalho, substitua os sapatos sociais por outros mais confortáveis.
- Os melhores calçados para caminhadas longas ou atividades diárias de mercado, feira, compras etc. são os tênis. Encontram-se facilmente diversos modelos com diferentes recursos; procure aqueles mais adequados às suas necessidades.
- Durante o verão, para caminhadas, escolha sandálias que possuam tiras largas, que tenham boa superfície de apoio para os pés, e com pouco ou sem salto.

O corpo feminino vem pagando um preço muito alto para atender aos padrões de beleza determinados pela sociedade.

A mulher, em relação ao homem, tem maior probabilidade de desenvolver problemas ortopédicos e reumatológicos.
Diversos fatores estão envolvidos.
Com certeza, as tarefas domésticas e maternas, não igualitariamente divididas, somadas
às exigências estéticas externas e internas, contribuem para o aparecimento de patologias dolorosas, que poderão comprometer a qualidade de vida dessa mulher.

CONSIDERAÇÕES FINAIS

Nesse momento, você adquiriu o conhecimento básico para a prática de exercícios com segurança.

▸ Aprendeu as posições iniciais para os exercícios em DD, em DL, em posição sentada e em pé.

▸ Observou a importância do posicionamento do quadril e da região lombar, do alongamento e mobilização da coluna vertebral e como trabalhar os músculos de forma equilibrada.

Agora você pode dar continuidade à sua atividade física fora de casa, individual ou em grupo, usufruindo das diversas modalidades disponíveis.

Mas, se isso não for interessante para você, darei algumas sugestões para que possa continuar sua atividade sozinho:

1. Leia suas anotações dos exercícios e monte sua própria lista, ajustando os exercícios de acordo com as suas necessidades.
2. A lista deve equilibrar as mobilizações, os alongamentos, o trabalho muscular e o relaxamento.
Siga os ícones para orientar-se:

3. Alterne e trabalhe todas as regiões corporais.

4. Regiões: cervical, torácica e lombar.
   Trabalhe os músculos abdominais, os glúteos, os adutores, os abdutores e o assoalho pélvico.
   Utilize as fichas finais de cada bloco para criar sua lista.

5. Se você não sente dores crônicas e realiza os exercícios com facilidade, um ótimo recurso é comprar um par de tornozeleiras de 0,5 kg e recomeçar seu diário. Repita toda a programação com o peso. Certamente, você vai achar que 0,5 kg é muito pouco, mas começar com o mínimo é mais seguro. Se, na metade do programa, sentir facilidade de praticar os exercícios com essa carga, compre um par de tornozeleiras de 1 kg, coloque as de 0,5 kg nos punhos e as de 1 kg nos tornozelos. A introdução dos pesos requer muita observação das suas reações para obter os benefícios desse recurso.

6. Caso não sinta segurança com os pesos, outra ótima possibilidade é acrescentar:

   - Maior número de repetições: 10, 15, 20 vezes.
   - Maior tempo de manutenção da contração em cada exercício: 10T, 15T, 20T.
   - Uma sequência completa a cada exercício: 1S, 2S, 3S.

Lembre-se: os exercícios do diário não substituem
a atividade aeróbica, tão importante para
o condicionamento cardiorrespiratório
(caminhada, bicicleta, esteira etc.).
Escolha a modalidade de sua preferência
e pratique 3 vezes por semana.

Agora que você conhece os posicionamentos básicos, o ritmo e as necessidades de seu corpo, sempre que incorporar um novo exercício à sua rotina:

- Observe primeiro, se possível, outra pessoa executando o exercício.
- Pergunte-se se fará bem ao seu corpo, se respeita suas características.
- Experimente com cuidado, sem muitas repetições.
- Observe a resposta de seu corpo, naquele momento e nos dias seguintes.
- Incorpore em seu treinamento somente depois que estiver seguro de que esse exercício lhe trará benefícios.

Aproveite os conhecimentos adquiridos, trazendo-os para suas atividades diárias. Procure observar-se durante uma atividade rotineira, em sua casa e/ou no trabalho. Durante uma caminhada ao ar livre, dirija sua atenção para o posicionamento da cabeça, olhe para a frente, mantenha o alongamento da coluna e troque os passos, sentindo o momento de contato de seus pés no chão.

> *El buen caminar resulta placentero cuando te proporciona la sensación de estar in-corporado, es decir de sentirte presente en tu cuerpo dando vida a aquello para lo que ha sido creado: para moverse."*[1]
>
> (JÁVEGA, 2021, p. 15)

Amplie sua observação para as pessoas que estão ao seu redor, fazendo suas atividades normais ou em movimento; isso ajuda a reconhecer as correções que precisa fazer em si mesmo.

---

1 "O bom caminhar se torna prazeroso quando proporciona a sensação de estar in-corporado, ou seja, sentir-se presente em seu corpo, dando vida àquilo para o qual ele foi criado: mover-se." (Tradução livre)

O principal objetivo deste diário é oferecer a você informações sobre a prática de exercícios de forma responsável e saudável. Agora você conhece a possibilidade de movimentar-se com consciência e respeito, conforme os limites e as características de seu corpo.

> "[...] ao se considerar o ser humano primordialmente corporal, ele não é reduzido a essa esfera, mas reconhecido como um ser complexo, um todo no qual corpo, mente e espiritualidade, imersos em um campo — vale dizer, em um lugar, uma cultura e uma época — compõem criativa e singular combinação [...]."
>
> (PINTO, 2021, p. 26)

Só podemos existir por meio de nosso corpo; ele é o lugar onde as sensações são vividas, as percepções são formadas, as ações acontecem, enfim, o lugar de sua experiência única de estar vivo.

Espero ter auxiliado você a conectar-se com algumas instâncias de seu "eu" interno e do seu "eu" corporal, de forma isenta de preconceitos, críticas e reprovações.

O diário foi o recurso para que você experimente o diálogo entre corpo e mundos interno e externo.

Acredito que o diálogo seja nosso maior instrumento para manutenção da saúde e enfrentamento de momentos difíceis.

Desejo que o diálogo esteja sempre presente em sua vida!

REFERÊNCIAS

BENTLEY, Ealean. *Massagem da cabeça*. Barueri: Manole, 2001.

BIENFAIT, Marcel. *Fáscias e pompages*. São Paulo: Summus Editorial, 1999.

BLANDINE, Calais. *O períneo feminino e o parto*. Barueri: Manole, 2005.

BLOUNT, Trevor; MCKENZIE, Eleanor. *Pilates básico*. Barueri: Manole, 2006.

BRANDIMILLER, Primo A. *O corpo no trabalho*. São Paulo: Senac, 2008.

DAVIS, Carol M. *Fisioterapia e reabilitação, terapias complementares*. Rio de Janeiro: Guanabara Koogan, 2006.

DÖLKEN, M. *Fisioterapia em ortopedia*. São Paulo: Livraria Editora Santos, 2008.

FELDENKRAIS, Moshe. *Consciência pelo movimento*. São Paulo: Summus Editorial, 1977.

FONSECA, Vitor. *Psicomotricidade*: perspectivas multidisciplinares. Porto Alegre: Artmed, 2004.

GELB, Michael. *O aprendizado do corpo, introdução à técnica de Alexander*. São Paulo: Martins Fontes, 2000.

HAGERMAN, Eric; RATEY, John J. *Corpo ativo, mente desperta*. Rio de Janeiro: Objetiva, 2012.

HASSAUER, Werner. *O nascimento da individualidade*. São Paulo: Antroposófica, 1987.

JÁVEGA, Antonio Alcaide. *La Terapia Del Buen Caminar*. Espanha, 2021.

LELOUP, Jean-Yves. *O corpo e seus símbolos*. Petrópolis: Vozes, 2014.

MAZZUIA, Antenor. Síndrome do "Pescoço de Texto". In: Antenor Mazzuia, 24 jul. 2017. Disponível em: antenormazzuia.com. Acesso em: 20 abr. 2022.

MELUCCI, Marta. *Lezioni di metodo Feldenkrais, per uma ecologia del movimento*. Milão: Xenia Edizione, 2017.

PENMAN, Dr. Danny. *A arte de respirar*. Rio de Janeiro: Sextante, 2018.

PINTO, Ênio Brito. *Dialogar com a ansiedade*. São Paulo: Summus Editorial, 2021.

PIRET, S.; BÉZIERS, Marie M. *A coordenação motora*. São Paulo: Summus Editorial, 1992.

ROBINSON, Lynne; NAPPER, Howard. *Exercícios inteligentes com pilates e yoga*. São Paulo: Pensamento, 2015.

STAUGAARD, Jo. *Exercício e movimento* — Abordagem anatômica. Barueri: Manole, 2015.

STRIANO, Philip. *Coluna saudável, anatomia ilustrada*. Barueri: Manole, 2015.

TULKU, Tarthang. *A alegria de ser*. Rio de Janeiro: Dharma do Brasil, 2019.

VISHNIVETZ, Berta. *Eutonia, educação do corpo para o ser*. São Paulo: Summus Editorial, 1995.

AGRADECIMENTOS

Agradeço a Francisco (*in memoriam*) e Carmen, meus pais. Como filha de livreiro, cresci acreditando no livro e no valor de seu legado. Nos anos 1960, o *slogan* da empresa de meu pai era: "Com bons livros construímos o Brasil de amanhã".

Agradeço ao Wagner, meu marido, e a Clara, minha filha, pelo suporte durante a execução deste conteúdo.

Meus agradecimentos a Pamela Oliveira e equipe da Editora Labrador, ao Mario Isaac Marcenaro (ilustrador), que trabalharam para que este livro acontecesse.

Agradeço, especialmente, a *todos os pacientes* que, durante mais de trinta anos, passaram por meu consultório. Seus relatos e experiências de vida foram muito valiosos. Foi pensando em vocês que elaborei este conteúdo.

Esta obra foi composta em Minion Pro 12 pt e impressa em
papel Offset 90 g/m² pela gráfica Meta.